U0514393

东北振兴与东北亚区域合作

Revitalization of Northeast China and Regional Cooperation in Northeast Asia

总第八辑（2021 年第 2 期）

林木西　主编

中国财经出版传媒集团

经济科学出版社
Economic Science Press

图书在版编目（CIP）数据

东北振兴与东北亚区域合作．总第八辑/林木西主编．-- 北京：经济科学出版社，2022.2

ISBN 978 - 7 - 5218 - 3459 - 8

Ⅰ.①东… Ⅱ.①林… Ⅲ.①区域经济发展 - 研究 - 东北地区②东北亚经济圈 - 区域经济合作 - 研究 Ⅳ.①F127.3②F114.46

中国版本图书馆 CIP 数据核字（2022）第 037524 号

责任编辑：宋　涛
责任校对：李　建
责任印制：范　艳

东北振兴与东北亚区域合作

林木西　主编

经济科学出版社出版、发行　新华书店经销

社址：北京市海淀区阜成路甲 28 号　邮编：100142

总编部电话：010 - 88191217　发行部电话：010 - 88191522

网址：www. esp. com. cn

电子邮件：esp@ esp. com. cn

天猫网店：经济科学出版社旗舰店

网址：http://jjkxcbs. tmall. com

北京季蜂印刷有限公司印装

787×1092　16 开　7 印张　140000 字

2022 年 4 月第 1 版　2022 年 4 月第 1 次印刷

ISBN 978 - 7 - 5218 - 3459 - 8　定价：35.00 元

（图书出现印装问题，本社负责调换。电话：010 - 88191510）

（版权所有　侵权必究　打击盗版　举报热线：010 - 88191661

QQ：2242791300　营销中心电话：010 - 88191537

电子邮箱：dbts@ esp. com. cn）

主办：辽宁大学东北振兴研究中心

协办：辽宁省东北地区面向东北亚区域开放协同创新中心

辽宁省区域经济发展研究基地

辽宁省东北（辽宁）振兴政策分析与评价重点实验室

《东北振兴与东北亚区域合作》编委会
（以姓氏笔划为序）

丁一兵	吉林大学	张可云	中国人民大学
王 磊	辽宁社会科学院	张华新	辽宁大学
王明友	沈阳大学	张洪梅	吉林财经大学
权哲男	延边大学	林木西	辽宁大学
吕 炜	东北财经大学	郁培丽	东北大学
吕康银	东北师范大学	和 军	辽宁大学
朱方伟	大连理工大学	项义军	黑龙江省社会主义学院
乔 榛	黑龙江大学	赵治山	辽宁省委政策研究室
齐义军	内蒙古师范大学	赵德起	辽宁大学
齐鹰飞	东北财经大学	郭连强	吉林省社会科学院
孙才志	辽宁师范大学	郭翔宇	东北林业大学
孙先民	哈尔滨商业大学	黄庆波	大连海事大学
杜凤莲	内蒙古大学	黄泰岩	中央民族大学
李 凯	东北大学	崔万田	辽宁大学
李 政	吉林大学	崔日明	辽宁大学
肖 坤	辽宁社会科学院	韩 平	哈尔滨商业大学
宋冬林	吉林大学	焦方义	黑龙江大学
张万强	辽宁社会科学院	谢 地	辽宁大学

主　　　　编：林木西

副 主 编：和 军 赵德起

编 辑 部 主 任：和 军（兼）

编辑部副主任：张华新 王 璐

前 言
PREFACE

　　经过辽宁大学东北振兴研究中心、辽宁省东北地区面向东北亚区域开放协同创新中心的认真准备和相关研究人员、编辑的共同努力，致力于东北及东北亚经济研究的这本专业学术文集正式出版，这是我们在推动东北及东北亚经济研究方面的又一项重要努力，也为相关研究人员、专家学者进行学术交流、展示学术成果、扩大学术影响提供了又一重要媒介平台。

　　2017 年，辽宁大学应用经济学科入选教育部建设世界一流学科序列，是东北地区唯一一家入选的经济学科；同年，辽宁大学东北振兴研究中心入选中国智库索引（CTTI）来源智库。"东北地区面向东北亚区域开放协同创新中心"于 2014 年获批为辽宁省协同创新中心。上述单位多年来致力于东北及东北亚经济、区域经济方面的研究，先后获批相关领域国家级重大、重点项目十多项，产生了一批标志性成果，为推动区域经济发展发挥了重要作用。

　　当前，中国特色社会主义进入新时代，东北经济发展、东北亚区域合作出现许多新情况与新问题，面临许多新挑战与新机遇，也给学术界提供了许多亟待研究的新课题。目前，国内外对于东北经济问题非常关注，学术界也已经形成东北振兴战略实施以来的第二波研究高峰。辽宁大学应用经济学科在学科建设规划中，继续将东北振兴与东北亚区域合作作为教学科研主攻领域，希望与学界同仁共同努力，推动相关研究进一步深入，为东北振兴与区域发展贡献力量。

　　《东北振兴与东北亚区域合作》集聚了具有较高质量的东北振兴、东北亚区域合作及相关领域的研究论文、综述、调查报告。主要涵盖了"东北经济""东北亚区域合作""一带一路""区域经济""产业经济""宏观经济""理论热点""书评"等方面的内容。特别欢迎有关东北体制机制、经济结构、东北经济史、非正式制度与正式制度分析、东北亚政治经济最新发展等方面的原创性论文及文章。

　　求道无篱，经世致用，《东北振兴与东北亚区域合作》坚持理论联系实际，鼓励学术创新争鸣，努力营造自由、平等、宽松、严谨的学术研究环境氛围。学术乃天下之公器，文章为经国之大业。我们感谢学界同仁对文集的支持与帮助，愿与大家一起，齐心合力，为推动东北经济研究进一步深入而努力奋斗。

林木西

2018 年 6 月

目 录
CONTENTS

老工业基地全面振兴笔谈 /（1）

新时代东北全面振兴的思路与路径 ………………………………… 宋冬林（1）

发挥风险资本作用　壮大辽宁科创型企业 …………………… 林木西　张春昕（6）

"十四五"时期辽宁省人大深化预算监督制度改革的建议 ……… 杨志安　邱国庆　胡　博（11）

发挥 PPP 模式在基础设施投融资领域功能作用的对策 ……… 张　虹　王　聪（16）

东北亚区域合作 /（23）

RCEP 签署后中日韩贸易合作嬗变与对策 ………………………… 程　娜　白　佳（23）

东北经济 /（38）

关于建设辽西融入京津冀协同发展战略先导区的对策研究 ………… 张　依　房夕盟（38）

高质量发展 /（52）

企业社会责任对财务绩效、环境绩效的影响研究 ………………… 陈俊龙　张瑞涵（52）

人力资本实现环境质量与经济增长关系研究 ………………………………… 白云飞（68）

人工智能产业对经济高质量发展的影响：影响机制与实证检验 ……… 杨玉芳　曹艳秋（83）

新时代东北全面振兴的思路与路径

宋冬林[*]

一

应当看到，尽管上一轮东北振兴战略的实施取得了显著成效，但经济运行和经济发展中的深层次矛盾和问题并没有从根本上得到解决，传统的生产方式仍然严重束缚生产力和生产关系的变革与发展，产业结构单一、体制机制僵化和微观主体缺乏活力的痼疾依然存在。

在体制机制层面上，社会化、市场化的分工体系尚未完全形成，不完善的市场体系特别是要素市场分割严重影响资源的流动和优化配置，传统的体制机制和与之相适应的落后的生产方式以其封闭性、内循环性和分割性的特征严重制约着东北地区经济的可持续健康发展。

在产业结构的调整上，虽然近年来东北地区一二三产业结构有所改善，尤其是第三产业发展速度较快，上升势头迅猛，但从一二三产业内部结构看，结构不合理问题依然存在，生产性服务业和社会性服务业发展严重滞后。

在微观经济基础方面，虽然国有经济的比重有所降低，民营经济的比重有所增大，但整个微观基础发展活力依旧不足，企业创新能力依旧匮乏，缺乏后劲。

2018 年 9 月 28 日，习近平总书记在沈阳第二次主持召开以东北振兴为主题的座谈会。他强调，"新时代东北振兴是全面振兴、全方位振兴"。[①] 要求以全面深化改革

---

[*] 作者简介：宋冬林，吉林大学经济学院教授，博士生导师。
[①] 中共中央党史和文献研究院：《改革开放四十年大事记》，人民出版社 2018 年版。

为先导，以创新、协调、绿色、开放、共享的新发展理念为支撑，形成了新时代东北振兴路线图。

党的十九大报告指出，深化改革加快东北等老工业基地振兴。由上述引出三个重要的关键词：全面振兴、全方位振兴、深化改革。这三个关键词充分体现了创新、协调、绿色、开放、共享的五大发展理念；经济建设、政治建设、文化建设、社会建设和生态文明建设五位一体总体布局；全面建设小康社会、全面深化改革、全面依法治国、全面从严治党四个全面战略布局，因而成为新时代东北振兴的重要指引。

这意味着新时代东北振兴具有全面性、系统性和联系性，是涉及经济、社会、文化、政治和环境的深刻历史性变革，有关经济社会转型发展的系统性重塑和整体性重构。

进一步从时间维度看，东北振兴是一个长期复杂的转型发展过程，体现着产业演进、体制机制转轨和社会变迁的历史进程和社会经济关系的矛盾运动。

从空间维度看，东北老工业基地振兴又是一个特殊的区域经济社会发展问题，涉及经济、社会以及环境等方面的复杂社会经济关系。

二

新的一轮振兴路线图显然有别于上一轮振兴路线图，那么上一轮东北振兴给予我们启示是：

（1）单纯依靠传统的需求刺激政策和外部输血而忽视供给侧结构性改革，忽视内生性增长，可以在一段时期内支撑东北老工业基地的经济增长，甚至是高速度增长，但难以实现经济可持续健康发展。

（2）单纯从降低国有经济比重入手来创新体制机制而忽视政府改革和包括信用体系在内的市场经济基础设施建设，可以改善所有制经济结构，但却难以形成激发微观主体活力的营商环境和规范经济有序运行的市场秩序。

（3）单纯从某一产业升级入手调整产业结构而忽视现代经济体系下产业演进的规律和市场调节的作用，可以解决一时的产业升级问题，却难以形成产业符合规律的持续性提升和产业结构的动态化调整。

（4）单纯从一二三产业比重入手调整产业布局而忽视资源禀赋、社会化分工和市场配置资源作用，可以在形式上改善产业比例结构，却难以在国际化分工链条中占据有利地位，难以实现产业内部结构合理化，难以实现产业持续健康发展。

（5）单纯从改革入手推进转型发展而忽视开放的作用和影响，特别是忽视对内开放和对外开放在统一市场体系、社会分工体系和价值链体系形成中的作用和影响，不利于东北经济要素资源的市场化整合和深度参与东北亚区域合作。

（6）单纯从经济增长入手推进区域经济发展而忽视与社会、文化和自然的协调关系，可以实现经济增长，却难以实现经济、社会与环境的全面协调可持续发展。

因此，基于上述，新时代东北振兴的要义在于增长的持续性、发展的协调性、改革的深入性和开放的全面性。

三

基于政治经济学的思考，新一轮的东北全面振兴、全方位振兴贯穿着生产力与生产关系、经济基础与上层建筑的矛盾运动规律，体现着新旧生产方式、新旧产业、新旧发展动能和新旧政企关系的转换及演进过程，由此引发我们的深入思考是：

（1）新时代东北地区的全面振兴、全方位振兴不是在老工业基地原有基础上实现恢复和重振，而应该是产业基础能力再造和经济创造力的重塑；

（2）新时代东北地区的全面振兴、全方位振兴不是继续发展与传统生产方式相适应的旧经济，而是发展基于创新和现代化经济体系要求并与新的生产方式相适应的新经济以及由新经济改造的经济形态；

（3）新时代东北地区的全面振兴、全方位振兴不是在传统产业结构基础上做简单量的调减或扩张，而是要把产业结构调整嵌入到现代经济体系中去，在现代化开放经济体系中重构产业体系，重建产业生态，提升产业链现代化水平；

（4）新时代东北地区的全面振兴、全方位振兴不是仅仅在原有的微观基础上通过与现代技术手段结合实现生产形式的变革或在原有生产关系基础上实现要素资源的重组，而是通过对原有微观基础的生产关系进行变革，使之形成新的生产关系并与新的生产力结合形成新的生产方式，或在新的业态和新的商业模式下探索新的生产方式；

（5）新时代东北地区的全面振兴、全方位振兴不是简单地通过制定实施优惠政策、特定差别化政策和要素资源流动性开放来招商引资，而是通过建立普惠性、开放性和包容性的制度规则打造营商环境。

由上述可见，新时代东北全面振兴具有生产方式变革、微观基础再造和再工业化的崭新含义。这对于我们实施"十四五"规划和加快推进东北地区全面振兴具有重要意义。

四

新时代东北地区全面振兴要以深化改革为着力点，创新体制机制，优化营商环境，改善发展条件，夯实发展基础。

要以制造业为重要抓手，推动东北地区产业结构优化升级，实现信息化、智能化与工业化深度融合，制造业与服务业的深度融合。

要以"一个支撑、五大基地"为战略依托，重塑东北地区经济发展新格局——即东北地区要成为全国重要的经济支撑带，具有国际竞争力的先进制造业装备基地和重大技术装备战略基地，国家新型原材料基地、现代农业生产基地和重要技术创新与研发基地。

要从产业体系重构入手，依据现代化经济体系和实现上述战略目标要求调整优化产业结构，促进三产融合发展，推动现代农业发展，在实体经济与科技创新、现代金融和人力资源协同发展中做强实体经济，增强实体经济的创新力和竞争力。

要从深化改革入手，变革生产方式，再造微观基础，激发市场活力，推动经济发展质量变革、效率变革、动力变革；要从创新驱动入手，加强创新体系建设，建立以企业为主体、市场为导向、产学研深度融合的技术创新体系，形成创新创业的生态系统，促进科技成果转化。

很明显，上述战略目标的实现必将全面、全方位改变东北经济原有格局，必然带来生产方式、经济基础和上层建筑的深刻变革，必将重塑东北经济发展新格局。

要深入研究老工业基地转型发展问题、单一结构城市的可持续发展问题、收缩性城市的演进规律等，需要从全面振兴、全方位振兴的角度来考虑城市和城市群发展，以科学发展观为统领，积极推进改革开放创新。

资源型城市和单一结构城市要在全面振兴和全方位振兴中实现转型发展。

城市群建设要在全面振兴、全方位振兴中实现资源高效聚集、产业融合引领和服务辐射带动。

东北地区的重要支撑作用要在全面振兴、全方位振兴中通过体制机制创新、产业结构优化和微观基础再造来实现。

应将区域政策设计的共性指导与"一市一策"的个性化探索有机结合起来。

在动能转换中要对自身发展的阶段性有清醒的认识，需要注重创新驱动在经济增长中的重要作用，也不能忽视要素驱动在经济增长现阶段的作用，要推动产业多元化发展，这对于东北老工业基地转型发展来说尤为重要。

在深化改革中要破除体制障碍、机制梗阻、观念保守、政策对冲，把改革措施落在实处。

在全面开放中要破除条条块块、地区壁垒、贸易保护、市场分割，既要注重对外开放也要注重对内开放。

在政策设计上避免出现对冲效应，激励政策走高限，约束政策走低限。

在政策执行上避免出现政出多门现象，应政令统一。在市场配置资源和投资贸易便利性上，应对标自由贸易区，进一步降低交易费用，促进要素资源自由流动。在资源配置方式上，将有效市场与有为政府有机结合起来。在区域政策设计上，将调整经济结构与区域经济一体化有机结合起来。在产业政策设计上，将产业结构调整与打造全产业链有机结合起来，与提高产业链现代化水平结合起来，与增强产业基础能力结合起来。在社会政策设计上，将经济增长与社会发展有机结合起来；将产业布局与城市群建设有机结合起来；将法律体系的构建与营商环境改善结合起来。

新一轮东北地区全面振兴要将经济社会发展与环境保护有机结合起来，积极打造"经济创造力、社会支撑力、制度保障力、环境承载力"四位一体的经济社会发展新模式。

发挥风险资本作用 壮大辽宁科创型企业

林木西　张春昕*

辽宁正处于发展动能转换、产业结构提质升级的关键阶段，科技创新是辽宁实现全面振兴、全方位振兴的关键驱动。2021 年 1 月 20 日省委书记张国清在接受《人民日报》专访时指出：辽宁科技创新资源丰富，我们要坚定不移走"创新路"，并强调要以制度创新促进技术创新，要健全创新激励和保障机制，切实为创新驱动创造良好环境。[①] 科技创新活动离不开资本，风险资本在科技创新创业活动中属于极其重要、同时又是十分活跃的部分。从操作层面和实际情况看，要借助风险资本促进科技创新，辽宁应该尽快解决以下一些问题。

一、辽宁借助风险资本实现科技创新需解决的主要问题

（一）解决科创型企业体量小、规模小、难以吸引资本的问题

目前辽宁科创型企业规模严重不足，尤其是科创板开板之后仅有 3 家企业上市。一方面，科创型企业吸引资本的能力决定了企业的发展规模；另一方面，企业的发展规模又反过来影响其在资本市场的融资能力，加剧其与行业领先企业的资本积累差距，拖累发展速度，这又进一步减弱科创型企业对资本市场的吸引力，造成负反馈。

---

* 作者简介：林木西，辽宁大学经济学院教授、博士生导师，长江学者；张春昕，辽宁大学经济学院博士研究生，辽宁社会科学院社会学所副所长，副研究员。

① 《省委书记张国清接受人民日报专访：奋力实现辽宁全面振兴全方位振兴》，载《人民日报》2021 年 1 月 20 日。

（二）解决引导基金对基金管理机构缺乏吸引力的问题

目前辽宁风险资本政策主要包括引导基金、财政补贴、税收优惠等。首先，引导基金强调引入社会资本以放大政府引导基金规模，实现政府引导基金的"杠杆"作用，但引导基金返投比例两倍的要求，导致知名基金管理机构对参与引导基金合作的积极性降低。其次，对于早期的科技型创业企业，所需资金规模较小，引导基金为完成投资需要筛选大量的企业，资金承载量小、管理难度大，增加了风险资本管理机构的管理成本。最后，由于引导基金直接投资很难将部分或所有投资项目作为组合计算，只要出现亏损项目就会追责，这也在一定程度上导致基金管理人直接投资的意愿大大降低。

（三）解决风险资本组织管理效率低的问题

当前辽宁引导资金政府出资部分由财政部门直接出资或者委托事业单位或国有企业履行出资人职责，但在实际工作中出资人仅是履行基本的尽职调查、方案申报等职能，决策仍然由政府主管部门实质履行。为此，辽宁一些区域设置了联席会议进行决策。一方面决策部门及人员本职工作业务繁多，难以花费大量时间精力关注风险资本具体的投资决策事宜，导致决策流程慢；另一方面由于联席会议涉及多个部门主要领导，只能通过协调在某个时间召开一次会议，集中审核决策若干事项，造成会议之前的未决事项堆积。这种非市场化的决策方式，在科创型企业的风险资本支持方面存在反应慢、流程长、限制多等问题。

（四）解决风险资本机构主体少、风投管理人才少的问题

目前辽宁无公募基金管理公司（全国共132家），有私募基金管理人164家，合计占全国（共24561家）的0.67%。以辽宁私募基金管理人为例，截至2020年12月末，164家私募基金管理人共管理基金360只，占全国（共96852只）的0.37%；管理规模226.09亿元，占全国私募基金管理规模（共159749.63亿元）的1.41%。由于资本市场直接参与的机构主体少、规模小，难以在辽宁发挥较大影响力，更难以促进资源的集聚。

同时，由于资本市场机构少，导致资本市场人才外流，私募基金管理人数量少、规模小，资本市场人才受到自身所处机构及外地资源富集区域机构的内推外拉影响，逐步外流。

二、几 点 建 议

（一）尽快转变观念，重点通过风险资本和科技金融政策集中力量培育一批核心科创型企业

应在观念上重视资本市场的作用。当前我国急需攻克产业链、供应链等领域存在的问题，应充分发挥资本市场对产业链、供应链有较高溢价的作用，抓住机遇，抓紧布局，在增材制造、柔性电子、第三代半导体、量子科技、储能材料等未来产业上打造标志产品和领军企业，形成新的产业梯队，带动辽宁产业发展。

对于辽宁省内已经在行业获得一定竞争优势的科创板上市公司，通过详细调研，帮助上市公司解决其存在的问题。在政策允许的范围内，政府相关部门可在采购、支持政策等方面对其给予一定的倾斜，使其发展获得核心"腹地"支持，在与行业对手竞争时有更多资源可以调动，将能显著增强其发展动力。在地方国有企业上市公司体系内，利用上市公司资本实力较强的优势，围绕主营业务及上下游产业链培育科创型企业，坚决实施市场化制度，允许其进行市场化激励，优胜劣汰，发挥企业自身的积极性，在风险可控的前提下加速发展。

盘活存量，通过政府引导及产业资本支持，培育一批有集聚能力的大型科创型上市公司。对于省内市值小于 20 亿元的 13 家上市公司，充分发挥其上市公司地位，可尝试注入有潜力的科创型企业资产。加大力量集中资源解决存在的问题，对于原股东有意出让控制权的，考虑以市场化形式由国资或引入产业资本获得控制权，先进行重组并购整合，聚焦某一未来产业核心领域，再进一步提升公司发展内涵，在技术、产品等层面获得核心竞争力，提高其科技创新能力。

对于尚无上市公司但在辽宁极具发展潜力的一些科技创新领域，可以考虑通过并购控股等方式获得省外行业领先公司的控制权，并以该公司为平台提升辽宁在该领域的竞争力。

（二）直接或间接降低引导基金返投比例门槛

事实上，为提升引导基金对基金管理机构的吸引力，降低引导基金返投比例已是大势所趋。2018 年深圳市在新修订的引导基金管理办法中，已将引导基金返投比例的最低标准从 2 倍降至 1.5 倍；2019 年珠海市横琴新区政府将返投比例降至 1 倍；2020 年青岛市将返投比例由 2 倍降至 1.1 倍。与此同时，一些省份虽然未直接降低引导基金返投比例，但在实际运作中，采取间接方式扩大返投金额统计范围的做法值

得我们借鉴。如天津市海河产业投资引导基金，在计算返投金额时将被投资的天津企业在天津市外开展的投资及并购项目、被投资的企业在天津有新增投资项目、基金管理人帮助招商引资的项目等纳入统计范围，拓宽返投金额计算范围，有利于鼓励基金管理机构通过各种方式直接或间接推动区域经济发展。

（三）借鉴先进省份成熟经验，提高引导基金管理市场化水平

如何在确保政府引导地位的前提下，加快风险资本的市场化进程是下一步的工作重点。事实上，北京、上海等地的成熟经验之一，就是各级政府部门坚持减少行政干预，重视风险资本政策的市场化。应结合辽宁实际发展情况，因地制宜做好引导基金的定位，明确限定引导基金的使用范围，重点支持外部性强，具有一定基础性、战略性的重点产业领域，在推动行业龙头企业做大做强的同时，重点扶持科创型中小企业创新创业。

具体到流程上，应加快推动引导基金在决策、募资、投资等领域逐步实现市场化。在决策上，应侧重于完善决策流程、提高决策效率上，可以借鉴国内其他先进地区的经验，进行市场化的决策改革。尤其是对超越授权额度范围的决策，应建立清晰的决策管理制度，有效解决决策周期长、反应慢等问题。在募资上，应着力于促进引导基金出资主体实现多元化。在具体运行机制上，可以考虑采用规定引导基金只作有限合伙人，在子基金中只参股但不控股的方式，由专业的投资管理公司来负责子基金的管理，充分发挥专业管理机构独立决策的优势，并利用法人治理结构的相互制衡作用，充分提高引导基金的决策能力和效率。在投资上，重点关注子基金遴选过程的公开透明，应以文件形式规定必须在国内有影响力的媒体上公开招标子基金申请者，并严格执行评审委员会独立评审、尽职调查等程序。

（四）提高风险投资管理人才培养、补贴力度，完善引导基金项目考核激励机制

一方面，将风险投资管理人才纳入紧缺人才目录，加大对风险投资管理人才的财政补贴及相关税收减免力度，引导风险投资管理人才向辽宁科创型企业有序聚集；出台相应的补贴政策，鼓励高校和专业培训机构结合风险投资管理实际用人需求，有计划、有针对性地提供订单式培训服务。

另一方面，引入专业的第三方评价机构，根据引导基金的具体政策目标和投资方向，建立有针对性的绩效考核评价体系，严格考查基金管理公司的专业性和其与引导基金政策目标的匹配度，审慎判别引导基金目标设定的合理性。在配套激励机制上，不应仅关注基金管理机构在某一个投资项目上的盈亏，应在整体上对其进行业绩考核，允许基金管理机构在投资过程中发生一定程度的亏损，但是要求其在规定年度内

的投资组合中整体实现考核目标。

　　与此同时，稳定性对于高新技术产业长期发展尤为重要，应坚持引导基金相关政策和基金管理公司的相对稳定性。科创企业发展周期长、风险大、回报慢，尤其对于高端装备制造、生物等产业，需要在相关风险资本投资时间上更具有包容性。这一点，在设置考核周期时也应充分予以考虑。

"十四五"时期辽宁省人大深化预算监督制度改革的建议[*]

杨志安　邱国庆　胡　博[**]

党的十九届五中全会审议通过的《中共中央关于制定国民经济和社会发展第十四个五年规划和二〇三五年远景目标的建议》，对"深化预算管理制度改革，强化对预算编制的宏观指导"作出了专门部署，提出了明确要求。作为预算管理制度的重要内容之一，预算监督制度的深化改革要适应新时期国家治理能力体系和治理能力现代化。近年来，从中央到地方都在积极深化预算监督制度改革，进一步提高地方财政预算科学性和约束力，以实现地方政府施政效能的提高。长期以来，地方财政预算的"重分配、轻管理"观念尚未完全转变，地方财政预算监督管理一直处于起步探索阶段，一些部门、机构等决策和工作人员的财政预算监督意识和思维有待于进一步提高，尚未完全认识到深化财政预算监督制度改革的重要性和紧迫性，处于一种相对比较浅的理解层面。

在国家治理能力提升背景下，"十四五"时期辽宁省人大亟须进一步深化预算监督制度改革，这对于辽宁全方面振兴、全方位振兴具有重要的现实意义。需要特别指出的是，当前辽宁省财政安全状况并不容乐观。面对新冠肺炎疫情等多重因素叠加影响，辽宁财政收支压力远超预期。具体而言，2020年1~6月累计，一般公共预算收入为1303.2亿元，本期累计比上年同期下降9.4%，一般公共预算支出为2594.1亿元，本期累计比上年同期下降2.0%[①]。可见，当前及未来一段时间内，辽宁财政仍

---

　*　本文系辽宁大学学习十九届五中全会精神专题研究"十四五"时期辽宁地方财政高质量发展研究阶段性成果（2020skczb102）。

　**　作者简介：杨志安，辽宁大学经济学院教授、博士研究生导师；邱国庆，辽宁大学经济学院讲师；胡博，辽宁大学经济学院硕士研究生。

　①　资料来源：《关于辽宁省2020年上半年财政预算执行情况的报告》，http：//www.ln.gov.cn/zwgkx/sjjh-czbg/czjs/zfjs/202008/po20200817609165879261.pdf。

然承受巨大压力，财政收支缺口继续扩大、财政赤字率和公共债务规模持续上升，且财政政策或将维持扩张基调，意味着深化预算监督制度改革将成为"十四五"时期辽宁省经济社会高质量发展的重要保障，要将其放在更加突出的位置，以深化预算监督制度改革为"双循环"新发展格局的构建系上一根"保障绳"。鉴于此，在深入研究"十三五"时期辽宁地方财政形势的基础上，结合新阶段辽宁地方财政的新态势，我们认为"十四五"时期辽宁省人大深化预算监督制度改革要在监督理念、职责范围、协调机制、信息公开、成果应用和队伍建设六个方面加以完善。

一、强化预算大监督理念

当前地方财政管理方式不断变革，如 PPP 模式、政府购买服务、政府采购方式等，财政监督内容和组织方式也发生了变化。在国家治理能力提升背景下，"十四五"时期辽宁省人大要强化预算大监督理念创新，要求实现"全面覆盖、全程监督、全员参与"的财政监督工作机制。具体内容如下：

第一，预算监督组织方式的创新。未来辽宁省人大要注重多元主体联合开展联合预算监督审查工作，探索新的监督模式，建议整合审计、纪检、监察、税务、专家等进行协同合作。第二，预算监督思维方式的创新。新时期辽宁省人大要变革传统预算监督理念，由"纠错"向"预防"转变，由"合规性"向"效益性"转变，下一阶段重点突出辽宁省人大预算监督的预防功能和效益性。第三，预算监督模式的创新。逐步建立起事前审核、事中监控、事后处理相结合的全过程监督方式，其关键是多元监督主体或部门互动沟通机制，促使财政监督部门能够及时掌握财政运行情况，以实现日常性监督与全过程监督的有效衔接。第四，预算监督技术手段的创新。其关键在于运用信息化手段，借助大数据技术，运用大数据分析新变化，创新政府预算监督机制，凭借大数据信息聚合功能提高政府预算监督决策的科学化。

二、厘清监督主体职责范围

现阶段地方预算监督体系的完整性仍需进一步加强，多元主体协同监督功效仍需进一步完善，并呈现一定预算监督主体平行化、职能重叠化的基本特征，尤其较为突出的问题是信息不对称，其关键是要厘清监督主体职责范围。具体内容如下。

首先，要加强多元监督主体的沟通交流机制，建立地方财政信息共享机制，强化主体间相互制约和监督；其次，按照"核心、重点、载体、补充"四个方面厘清财政监督主体职责范围，逐步建立起以财政监督为核心、人大宏观监督为重点、审计等外部监督为载体、社会监督为补充的多维度、综合性"大监督"体系；最后，还要增强各级预算监督主体的自身建设，以提高各预算监督主体的监督能力。

三、建立预算监督主体协调机制

建立预算监督主体协调机制是深化预算制度改革重点突破方向之一。依据预算监督的阶段，建立相应的协调机制。具体内容如下：

（1）预算监督的准备阶段。这一阶段过程中省财政厅需要及时审查监督各部门预算编制的准备情况，形成监督审查意见材料提交省人大，由省人大对其做出审查监督意见后，由预算执行部门执行预算。（2）预算监督的执行阶段。省人大要对已执行预算资金使用情况进行监督，并按照预算绩效目标对预算资金使用结果开展绩效评价工作。由审计部门承担预算执行全过程的审计责任，需做出预算资金使用情况意见，向人大提交预算执行审计报告书，并将最终预算审计信息向社会公众公开和说明。（3）预算监督的事后处理阶段。由司法机关对预算资金使用存在的一些违规违法现象进行追查，有寻租、受贿、贪污行为应受到司法机关审判和惩处。总之，预算监督的不同阶段需要监督主体协调配合，充分发挥监督主体的横向联系和纵向联动机制，积极发挥专职预算监督机构与人大、预算执行机构的联系，建立相互统筹协作机制和信息反馈机制，加强省、市、县间预算监督体系的联动机制，最大程度地有效利用预算监督资源，形成预算监督合力。

四、加强预算监督信息化建设

财政是国家治理和运行的重要支柱，预算监督贯穿于财政收支活动各个方面，预算监督工作人员要密切关注预算资金的上缴、入库以及拨付情况，掌握财政信息是预算监督的基础和前提。一方面，随着社会经济的快速发展和科技的不断进步，经济信息量急剧增大，预算监督方式应适应新时代要求，着力加强信息化建设；另一方面，随着财税体制改革的深化，建立公开、透明公共财政体系的要求越来越迫切。部门预算、政府采购、国库集中支付等重大的预算改革，都离不开强大的信息网络和信息系统的支持。具体内容如下：

（1）实现财政监督部门与相关部门、单位的信息共享。预算监督涉及税收、国库、银行和预算单位等各个部门，为了整合现有的预算监督信息，加大预算监督的广度、深度和力度，打通财政部门内部、财政部门同其他行政管理部门、事业单位之间以及与企业、银行等单位的信息壁垒，应充分利用现代信息技术，搭建信息化系统平台，在财税部门之间、财税部门与其他经济部门之间，省、市县预算之间实行计算机联网和信息共享，提高预算监督信息化工作效率和信息数据准确性，进一步改善预算监督工作效率。

（2）建立预算信息数据动态监控机制。预算监督部门应加强硬件与软件的建设，通过建立预算监督信息库，开发预算监督专用监控软硬件等措施，使得信息系统与业务处理系统实时连接，及时获取业务部门的数据和信息，建立健全实时动态的网络监控预警机制，对业务开展情况进行实时动态监控，及时发现、纠正预算执行中存在的问题，以全面提高预算监督效果。同时，要加强预算监督管理信息系统建设。包括：基础资料信息系统、审批程序信息系统、预算执行情况检测系统等。

（3）加强预算监督过程中信息化手段的应用。开展预算监督工作要及时收集、处理、传递、分析大量的信息，需要现代信息技术和分析工具的支持。要借助云计算和大数据优势，灵活运用各种分析预测方法，对数据进行整合分析、核算、预测等操作，进一步加快数据调配整合和开发利用，加快预算监督信息技术成果的转化，提高预算监督效率，促进预算监督水平不断提高。

五、强化预算监督成果应用机制

预算监督成果应用是将检查成果反馈给相关部门并对其实施影响的过程，应在做好预算监督工作的同时，在监督成果应用方面不断发力，将监督成果作为重要依据，不断优化调整财政支出、完善财政管理、改进财政政策以及合理安排预算，推动监督成果转化。

制度是成果运用的保障。首先，辽宁省人大应探索进行制度建设。一是建立监督报告制度，预算监督机构定期和不定期向本单位报告监督情况，及时发现并披露执行过程中的问题；二是制定监督成果转化应用的规范性文件，切实规范预算监督检查成果利用的方法和程序；三是将监督成果的利用和转化情况纳入政绩考核体系，并且各部门应通过专题报告的形式及时对此进行反馈，更好发挥监督成果对被监督部门的约束作用。

其次，探索将预算监督纳入预算报告法定内容，进一步放大预算监督的成效。预算监督的目标是将权力置于制度规范下，各部门应切实履行好行政执法职能，对违法违规行为从重处罚，对于挣脱"牢笼"的权力进行责任追究，以维护监督权威。对此应该建立事前、事中、事后的责任追究机制。事前重预防，应明确职责分工，提升责任意识；事中重监管，应创新约谈和预警制度；事后要追责，应建立强有力的追责体系，综合运用各项制度规定，视情节轻重追究行政、刑事责任，真正做到低效追因，无效追责。

六、强化预算监督队伍建设

高质量的监督队伍是优质高效的预算监督的重要保障，因此，下一步辽宁省人大应加强监督人才队伍建设。首先，加强监督队伍的思想建设，提高监督人员政治站位，凝聚思想共识，保持先进性和纯洁性；其次，兼顾监督队伍人员数量和质量，在充实日常监督力量的同时，严筛政治素质高、业务能力强且热爱监督事业的人才加入监督队伍，不断提升队伍的质量；最后，加强学习培训，提高人员业务素养，通过调训、专题研讨、案例分析研讨会等形式，使监督人员持续学习最新的法律法规和监督相关理论方法。

发挥 PPP 模式在基础设施投融资
领域功能作用的对策

张　虹　王　聪[*]

《中共中央关于制定国民经济和社会发展第十四个五年规划和二〇三五年远景目标的建议》就统筹推进基础设施建设做了重要部署，并提出"发挥政府投资撬动作用，激发民间投资活力，形成市场主导的投资内生增长机制"。基础设施投资是稳定有效投资的重要抓手，既能在短期内扩大有效需求，推动经济增长，又能提高经济的长期供给能力，为经济发展和社会进步提供高水平的物质条件。基础设施 PPP 模式作为新型投资模式，与传统投资模式双双发力，加快补短板、强弱项，扩张国内需求，是提高基础设施供给效率和服务质量的有效途径。进一步发挥 PPP 模式在辽宁基础设施领域的投融资功能作用，对于更好地做好"六稳"工作，落实"六保"任务，确保全省经济持续有力和高质量发展具有重要的现实意义。

一、辽宁 PPP 模式运营发展现状

（一）发展态势趋于稳定向好

1. 经过了蓬勃发展期

在国家鼓励发展 PPP 模式的政策号召下，辽宁于 2015 年发布了《辽宁省人民政府关于推广运用政府和社会资本合作模式的实施意见》，提出了 PPP 模式发展的总体要求，鼓励社会资本参与基础设施和公共服务领域投资，并强调了项目规范管理、监督机制、配套措施等内容。以此为标志，PPP 模式在辽宁步入蓬勃发展期，PPP 项目数量和投资规模快速增长，2016 年末项目数量达到 487 个，投资金额达 5619 亿元，

---

[*] 作者简介：张虹，辽宁大学经济学院教授、博导；王聪，辽宁大学经济学院博士研究生。

PPP 模式取得了阶段性进展。

2. 经历了金融监管和严格规范

随着 PPP 模式在全国范围内的广泛应用，明股实债、固定回报、保底回购等问题逐渐显现。为了有效防控风险，化解政府债务危机，2017 年国家陆续出台了规范政府举债行为、控制 PPP 业务风险、清理整顿 PPP 项目库等一系列规范性 PPP 模式的政策文件。受监管政策收紧以及需求下降的影响，辽宁 PPP 项目的数量和投资规模开始出现下滑趋势，PPP 项目数量减少至 383 个，投资金额为 4567.01 亿元。2018 年被称为国家金融监管元年，在延续之前整改和规范 PPP 项目的政策基调的基础上，国家相继出台《关于进一步加强政府和社会资本合作（PPP）示范项目规范管理的通知》《关于规范金融机构资产管理业务的指导意见》、PPP 项目绩效管理等政策，进一步加强对 PPP 项目的监管工作。在 PPP 项目库的集中清理工作结束后，辽宁 PPP 项目的数量和投资规模骤然下降，项目数量减至 250 个，投资金额相应降至 3180.79 亿元。

3. 进入了平稳向好发展新阶段

目前，辽宁 PPP 制度环境逐渐成熟，监管也趋于常态化。受宏观经济政策影响，基础设施补短板的力度不断加强，2019 年 PPP 市场开始回暖，作为基础设施建设模式转型发展的重要载体，PPP 项目呈现出全新的发展局面，辽宁 PPP 项目数量上涨至 294 个，投资规模达 3300.13 亿元。2020 年 PPP 模式企稳反弹的态势更加明朗，截至 2 月末，辽宁 PPP 项目数量增加至 387 个，总投资额达 3823.28 亿元。辽宁 PPP 模式的发展经历了高速发展、清理整顿、深度调整等几个阶段，项目规范性明显提高，逐渐呈现平稳向好的态势。

（二）行业分布比较集中

1. 从项目数量的角度来看

PPP 项目管理库共涉及 19 个一级行业，在市政工程、交通、水利等经济性基础设施领域应用比较广泛，项目数量所占比重较高。尤其是市政工程行业 PPP 项目数量一直保持高位，2021 年 2 月，该类项目数量达 202 个，远超其他行业。PPP 项目集中在经济性基础设施领域与辽宁对于城市发展的高度重视有关，供水、供热、供气、污水处理、垃圾处理、地下综合管廊等设施完善是推进城镇化建设的重要基础，这些领域的巨大需求使 PPP 模式得以较快发展起来。

2. 从项目投资金额角度来看

资金投向比较集中，市政工程、政府基础设施、城镇综合开发三个行业 PPP 项目投资额所占比例较高，分别为 43.89%、9.52% 和 9.84%，而社会保障、保障性安居工程、医疗卫生、养老以及科技行业的项目投资规模较小，所占比例均不足 1%。PPP 项目在社会性基础设施领域涉及较少，主要原因是这类项目经济效益不强。一方面，资本是逐利的，为实现收益，社会资本会选择投资经济效益强的基础设施领域；另一方面，实现经济稳定发展是辽宁的首要目标，经济性基础设施要适当优先发展，而社会性基础设施则随着经济发展深入逐渐完善。

（三）预期市场空间较大

1. 市场潜力有待释放

辽宁城乡、各城市之间的基础设施水平存在显著差距，尚未形成互联互通的综合网络，基础设施的规模效应和网络效应无法充分显现。基础设施在统筹城乡发展，实现省内区域协调发展方面具有积极影响，连接着巨大的投资需求和不断升级的消费市场。与土地财政、政府融资平台、政府购买等政策工具不同，PPP 模式在控制政策支出风险、增加项目透明度、增强监管的可预期性等方面具有优势，是符合当前基础设施投资发展趋势的政策选择，具有较好的发展前景。

2. 可投资项目较多

按照项目的进展阶段统计，截至 2021 年 2 月，辽宁 PPP 项目处于识别阶段的有 137 个，投资额为 1328.62 亿元；处于准备阶段的有 49 个，投资额为 239.35 亿元；处于采购阶段的有 97 个，投资额为 736.77 亿元；处于执行阶段的有 104 个，投资额为 1518.54 亿元。从中可以看出，辽宁处于识别、准备、采购阶段的 PPP 项目占比超过 73.13%，说明潜在的可投资项目较多，PPP 市场发展空间较大。

（四）可行性缺口补助项目受到青睐

1. 不同类型 PPP 项目各有其特长

PPP 项目主要有政府付费、使用者付费、可行性缺口补助三种回报机制，适用于不同类型的项目，对政府财政预算的影响也不同。其中，使用者付费是市场化程度最高的回报机制，政府在该类 PPP 项目中主要承担监管责任，项目公司承担主要风险，最终由消费用户直接购买相应的产品和服务，适用于经营性较强的项目。政府付费项目一般不具有向用户收费的功能，政府承担付费责任，债务被纳入政府财政预算之中。可行性缺口补助项目的收入来自项目本身的现金流和政府财政补贴，政府分担最低的需求风险，能够缓解项目公司的资金压力和保障合理收益，适用于有一定经营能力的项目。

2. 可行性缺口补助项目日趋成为主流

社会资本倾向于将政府资金视为一定程度上的保障，可能认为使用者付费项目获得的政府支持力度不够，面临着更多的风险因素，因而对于该类项目持谨慎态度，实际中使用者付费项目的数量并不多。政府付费通常被认为是风险最低的，也更容易获得金融机构的融资支持，在辽宁PPP模式发展初期，政府付费PPP项目数量远高于其他两类。为防范政府隐性债务，PPP主管部门对于政府付费项目的财政支出比例、监督责任、规范运行等内容作出了严格规定，该类项目的增长趋势有所放缓。相对而言，可行性缺口补助更容易在政府财政压力与项目风险方面找到平衡点，因而受到政府和社会资本广泛认可。截至2021年2月，辽宁采用可行性缺口补助的项目数量为206个，占PPP项目总量的一半以上。

二、辽宁基础设施PPP模式运营中存在的问题及原因

（一）央企、地方国企在基础设施PPP项目中占比高，民营企业参与度低

央企、地方国企与民营企业构成了社会资本的主力军，社会资本在PPP项目中的参与程度不断加深，项目资金来源的多元化发展已成趋势。在辽宁已落地的基础设施PPP项目中，大多数项目由央企和地方国企作为社会资本与政府进行合作，而民营企业在基础设施投资领域参与度较低，且参与PPP项目的投资额比重小。推广PPP模式是重新激发民间投资的利器，但辽宁基础设施PPP项目中民营企业的投资潜力未充分释放。国家推动PPP模式发展是为了鼓励社会资本尤其是民间资本进入基础设施和公共服务领域，央企和地方国企在项目中占比重过重将影响PPP政策的实施效果。

其主要原因包括：一是辽宁国有企业在经济发展中一直占据主导地位。央企和地方国企在政府资源、资金实力、项目运作经验等方面具有优势，可能会"挤出"基础设施领域的其他竞争者，特别是民营企业的市场空间。二是辽宁民营企业实力有限。2019年中国500强民营企业排名中，辽宁省仅有11家民营企业上榜。辽宁民营企业以中小型企业为主，缺乏大型上市公司以及行业内龙头企业。受经济实力、融资成本、风险承受能力、政策把控能力等因素限制，民营企业很难真正参与到优质的基础设施PPP项目中。三是民营企业对参与PPP项目仍存顾虑。由于政府在基础设施领域处于强势地位，政策导向、合同履行、风险分担、退出机制等因素增加了投资的不确定性，民营企业往往要看准"风向"再投资，因而在作出投资决策时比较谨慎。

（二）融资渠道单一，PPP项目执行受融资难制约

随着越来越多的PPP项目进入执行阶段，政府和社会资本认识到融资问题是决

定项目能否顺利落地的关键。PPP模式本身具有融资方面的创新性，可以通过银行、保险、资管、基金、信托等渠道获取资金支持，但目前辽宁基础设施PPP项目的主要融资渠道是银行贷款，融资渠道比较单一，使得PPP模式在基础设施领域的融资优势未得到充分释放。在金融监管政策趋严的情况下，金融机构对于PPP项目的态度更加谨慎，融资难已经成为制约项目落地的主要问题。

其主要原因包括：一是过度依赖银行贷款。PPP项目除了依靠银行贷款之外，还可以通过政府引导基金、融资债券、资产证券化、股权计划等方式获取资金支持。受金融发展和投资环境影响，很多融资渠道在辽宁PPP项目中未得到充分利用。二是银行偏好发达地区的优质PPP项目。辽宁一些PPP项目受所在区域、政府层级、财政实力等因素影响，难以满足银行的授信要求，尤其是区、县级PPP项目要获取银行贷款存在较大困难。三是银行的创新思维有待提升。银行习惯于传统贷款模式，更加关注融资项目的增信手段，而不是项目本身的现金流，普遍要求借款人提供抵押担保，这与社会资本降低负债、风险隔离的需求相矛盾，双方难以达成共识。

（三）PPP项目规范性不够，政府监管有待提升

在PPP项目数量高速增长的背后，重建设轻运营、伪PPP项目等诸多问题逐渐暴露。为了整治PPP项目乱象，财政部要求对入库的PPP项目进行清理。根据Wind数据库提供的信息，截至2018年3月，全国共有1160个PPP项目退出机构库，投资金额为12000亿元。其中，辽宁37个项目退库，投资金额合计786亿元。辽宁现有的政府监管构架较为完整，但是在实际操作中仍然存在一些问题和困难。

其主要原因包括：一是PPP项目在数据测算、合同管理、绩效评价等环节操作不够规范，反映出政府监管的不到位；二是人才流失已经成为辽宁经济转型中所要应对的主要问题，缺乏高素质人才使得PPP项目的高质量发展受到影响。

三、几点建议

（一）将PPP模式作为辽宁做好"六稳""六保"工作的重要战略手段

（1）充分利用PPP模式优势，持续扩大有效投融资。当前，辽宁经济发展的一个重要先行性指标—固定资产投资的数量较少、质量不高和增速不快，是制约全省振兴发展的重要瓶颈。PPP投融资模式，作为一种优势突出、运作成熟的投融资手段，应当成为辽宁"十四五"时期的一项重大投融资战略选择。

（2）抓牢抓实重点，加快发展新基建。围绕新型信息基础设施、发展融合基础设施、培育创新基础设施三大领域，加强 5G 基站、工业互联网平台、人工智能等领域试点示范工作，主动出击，加强调研，全力抓好"十四五"时期 PPP 模式推进工作，确保实现 PPP 项目数量、效率、质量稳中有升。

（3）借助市场化优势，提高政府投资的有效性。充分发挥政府投资"四两拨千斤"的引导作用，组合使用各种资金筹集模式，形成多元化合力，有效应对基础设施领域投资大、周期长等问题。同时，加强"十四五"时期的财政承受能力测算监测，有效防范地方政府隐性债务风险，提升政府投资质量。

（二）支持和鼓励民营企业参与 PPP 项目

（1）积极为民营企业提供公开、公平、公正的市场竞争机会。采用公开招标的方式引入社会资本，最大程度地避免地方保护和行政垄断行为，加强信息披露的及时性和完整度，构建公平的 PPP 市场竞争环境。

（2）鼓励民营企业以联合体的形式参与 PPP 项目。辽宁民营企业实力有限，行业竞争力较弱，承担风险能力有限。鼓励"民企＋国企""民企＋外企"等形式参与 PPP 项目，能够实现优势互补，提高民营企业在基础设施建设领域的参与程度。

（3）支持设立第三方 PPP 咨询机构。基础设施建设需要专业的团队和管理，借助不同领域第三方机构的智力成果，为政府和社会资本的合作提供方案设计、法律咨询、审计、税务等领域的专业意见，能降低双方的信息不对称程度，合理分配风险，更好地履行合同责任，这有助于打消民营企业参与 PPP 项目的顾虑。

（三）加大金融服务的支持力度

（1）开发创新型的金融服务产品。鼓励以商业银行为代表的金融机构深入研究 PPP 项目特点，逐渐转变思维，从依靠政府信用和抵押担保向控制项目现金流转化，支持利用项目的相关收益作为还款来源。

（2）发挥信托公司、证券公司、保险公司等金融机构对 PPP 项目的支持作用，拓宽项目融资渠道。很多基础设施 PPP 项目具有特许经营权和稳定的收费权，可以采取更灵活的融资方式，绕开项目抵押和保证的难点，深挖 PPP 项目收费权优势，通过政府引导基金、资产管理计划和资产证券化等多种渠道进行融资。

（3）提高金融机构对于项目的控制力。基础设施投资形成的资产通常为公共资产，一旦借款人违约，金融机构很难处置资产，容易遭受严重损失。一些国家设有贷款人介入权的制度，即借款人出现违约时，金融机构有权对项目进行有效控制，以保证贷款人的权益。辽宁可以借鉴介入权的概念，通过金融产品创新或者签订协议等方式，保障金融机构在 PPP 项目中的合理权益。

（四）优化政府管理职能，充分发挥引导作用

（1）明确各方职责，完善奖惩机制。明确 PPP 管理部门各层级、各机构、各部门之间的职能，将工作职责进行合理划分，保证项目的各个环节都能得到有效监管。在实现精细化管理的基础上，建立有效的奖惩机制。一旦出现绩效目标未达成、管理界限不清、评价结果偏差等情况，则依照相关规定对责任人进行约束或惩戒。

（2）加快政府的角色转变，充分发挥政府的引导作用。在落实国家政策要求的同时，因地制宜地推动 PPP 模式发展。根据辽宁的经济发展特点和基础设施建设的实际需求，制定 PPP 业务操作指引，筛选适合 PPP 模式的行业领域，对项目实施的各个阶段进行专业指导。

（3）完善 PPP 项目信息公开机制。充分利用信息化手段，通过大数据、云计算等高新技术收集、整理、分析覆盖 PPP 项目的全生命周期的各项信息。扩大政府信息的公开范围和深度，使各个环节都能受到有效监督，保证项目参与方各尽其职，重视项目操作过程的规范性，促进基础设施 PPP 模式的高质量发展。

（五）注重 PPP 领域人才培养

（1）提升现有人力资源的专业水平。定期开展业务交流和培训，提高 PPP 从业人员的专业素质。组织人员学习省外的先进理念和优秀经验，争取将外省的典范案例复制进来，促进 PPP 模式的广泛应用。

（2）引进 PPP 领域的专业人才。结合辽宁目前存量项目较多、落地率较低的实际情况，引进人才的首要目的是解决项目实操过程中的各类纠纷和困难，以加快项目进展。针对存量项目出现的各种疑难杂症，成立专家组研究解决方案，提高工作效率。

（3）注重人才储备。借鉴日本等国家的做法，在大学中增设一些公私合作的专业课程，充分利用学校的教育资源，培养具有专业知识背景的高素质人才，为日后的工作做好人才储备。

RCEP 签署后中日韩贸易合作嬗变与对策

程 娜 白 佳[*]

摘 要：《区域全面经济伙伴关系协定》（RCEP）2022 年 1 月 1 日起正式生效。RCEP 的签署旨在通过削减关税和非关税壁垒，建立统一市场，其正式生效标志着全球最大自由贸易区的诞生。作为东亚区域经济一体化的重要里程碑，RCEP 为中日韩贸易深入合作奠定了基础，本文以中日韩经济贸易合作为基础，对 RCEP 签署后中日韩自贸区面临的机遇和挑战进行了深入分析，提出推进中日韩经济贸易合作的政策建议。研究提出中日韩三国应携手合作充分挖掘 RCEP 带来的制度红利，加快中日韩自贸区的构建，从而推动东亚经济一体化进程。

关键词： RCEP 贸易合作 贸易结构 中日韩自贸区

一、引 言

受新冠肺炎疫情的持续影响，全球经济正经历百年未有之大变局，在当前经济错综复杂的大环境下，加快推进中日韩自由贸易区的建设极为重要。自 1999 年，中日韩三国启动自贸区谈判以来，合作并不一帆风顺。在 2002 年 11 月，关于中日韩自贸区规划的研究构想首次正式提出。中日韩三国政府于 2013 年 3 月共同宣布正式启动自贸区谈判。至 2019 年 11 月，针对建立自贸区的发展，双方重点围绕货物贸易、服务贸易、投资协定等领域，共开展了 16 轮协商。随着 RCEP 的正式签署，中日韩自

* 作者简介：程娜（1978～），上海大学教授，博士生导师，研究方向：海洋经济、国际经济合作等；白佳（1995～），辽宁大学经济学院，研究方向：国际经济合作等。

贸区建设在加速推进。RCEP 将东盟与中国、日本、韩国、澳大利亚和新西兰的多个 "10 + 1" 自贸区整合起来，而且在没有达成中日、日韩自贸协议的情况下，使中日韩三国成为联系密切的区域贸易伙伴关系，这些必将加深中日韩三国的经贸合作，进一步缩短了三国之间的贸易壁垒，根据已经达成的协定内容，RCEP 将加速中日韩自贸区的谈判进程。

中日韩三国的经济贸易联系紧密，作为东亚最主要的经济体之一，在 RCEP 签署的框架下，中日韩将构建联系更为紧密的贸易关系，这在一定程度上可以降低日韩对美国的依赖。中日韩贸易合作的深化不仅能为三国经济带来巨大福利，也会对东亚政治局势稳定做出重要贡献。

二、中日韩贸易合作现状

（一）中日韩贸易规模嬗变

2020 年中日、中韩和日韩之间的贸易总额分别为 3175.09 亿美元、2852.60 亿美元和 711.17 亿美元。从发展趋势来看，中日和中韩贸易额总体呈上升趋势，韩日贸易额总体呈下降趋势。其中受到全球金融危机的影响，中日韩三国间的贸易减少。在 2008 年中韩的贸易总额为 1860.7 亿美元，到 2009 年其减少为 1562.32 亿美元。中日的贸易总额从 2008 年的 2667.32 亿美元下降到 2009 年的 2288.48 亿美元，同样日韩的贸易总额从 2008 年的 892.09 亿美元下降到 2009 年的 711.98 亿美元，见图 1。

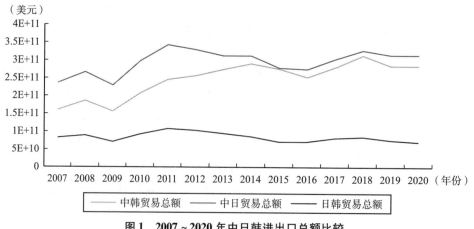

图 1　2007 ~ 2020 年中日韩进出口总额比较

资料来源：UN Comtrade。

2010 年中日韩贸易迅速恢复，但从 2012～2016 年，"钓鱼岛事件""萨德事件""独岛（竹岛）事件"导致三国关系恶化，严重影响了中日韩三国的贸易关系。在此期间，总体来看，贸易规模呈现出下降的趋势。2016 年以后三国关系有所缓和，三国的贸易在平稳的状态下不断扩大（见表 1）。

表 1　　　　　　　　　　中日韩三国的贸易收支和贸易总额　　　　　　　　单位：亿美元

年份	中韩		中日		日韩	
	贸易收支	贸易总额	贸易收支	贸易总额	贸易收支	贸易总额
2007	473.20	1601.84	318.88	2360.13	298.80	826.20
2008	382.06	1860.70	344.68	2667.32	327.04	892.09
2009	488.72	1562.32	330.27	2288.48	276.56	711.98
2010	695.73	2071.06	556.92	2977.80	361.20	924.72
2011	797.97	2456.37	462.99	3428.37	286.40	1079.99
2012	810.55	2564.02	262.06	3294.59	255.67	1031.59
2013	919.08	2742.38	121.13	3123.78	253.67	946.91
2014	897.75	2904.42	135.29	3123.12	215.28	860.24
2015	732.20	2757.92	72.86	2785.19	202.77	714.30
2016	652.67	2526.82	164.02	2749.39	231.12	718.21
2017	748.49	2802.57	285.35	3030.53	283.10	819.39
2018	955.38	3135.95	331.67	3276.37	240.76	851.30
2019	625.68	2845.38	282.99	3147.47	191.59	759.99
2020	602.52	2852.60	322.26	3175.09	209.32	711.17

资料来源：根据联合国 UN Comtrade 数据库计算整理所得。

1. 中韩贸易规模

自从 2001 年加入 WTO 后，我国经济快速发展，我国的经济实力不断提高，我国对外贸易不断加深。中韩贸易总额从 2007 年的 1601.84 亿美元上升到 2020 年的 2852.60 亿美元。从 2007～2020 年，中国对韩国的进口贸易额一直大于出口贸易额，中韩一直处于贸易逆差状态，并且中韩贸易逆差比较稳定且规模较大。中韩的贸易逆差在 2007 年为 473.20 亿美元。到 2008 年，中韩的贸易逆差值是近十几年最小的数值，为 382.06 亿美元。2009～2014 年中韩的贸易逆差开始不断扩大，2015～2017 年中韩的关系有所缓解，贸易逆差情况有所缓解。中韩贸易逆差最大的一年是在 2018 年，中国与韩国的贸易逆差达到峰值，高达 955.38 亿美元。2020 年中韩的贸易逆差为 602.52 亿美元。主要原因是中韩自贸区协议在 2015 年正式签订，至此中韩自贸区全面成立。自贸区的发展以及中韩两国不断减免的税收和制定的优惠贸易政策，使得中国向韩国进口高附加值的创新产品变得更为简单，且随着中国经济的不断发展，消费者的消费能力持续上涨，对于一些韩国的资本密集型产品的进口需求也有所增加（见图 2）。

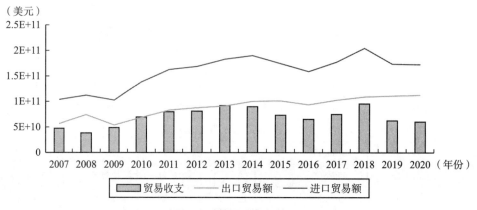

图 2　对韩国进出口情况

资料来源：UN Comtrade。

2. 中日贸易规模

中日贸易总额从 2007 年的 2360.13 亿美元上升到 2020 年的 3175.09 亿美元。同中韩两国贸易差额情况一样，中国长期处于对日本的贸易逆差中，其原因是中日两国出口商品结构的不同，中国经济的快速发展对日本技术密集型产品以及资本密集型产品的需求偏好较高。2007 年中日贸易逆差为 318.88 亿美元。从 2007~2010 年中日的贸易逆差在不断扩大。中日贸易逆差最大的一年发生在 2010 年，2010 年中日贸易逆差高达 556.92 亿美元，2010 年以后中日间的贸易逆差开始减少，2015 年降到 72.86 亿美元。2015 年之后中日的贸易逆差又开始不断增大，2020 年贸易逆差达到了 322.26 亿美元（见图 3）。

3. 日韩贸易规模

日韩贸易总额从 2007 年的 826.20 亿美元升至 2020 年的 711.17 亿美元。2011 年日韩贸易总额达到了 2007~2020 年的峰值，约 1080 亿美元。韩国长期在日韩贸易中处于逆差。2007 年的贸易逆差额为 298.80 亿美元，2011 年以后韩国对日本的贸易逆差开始逐渐减少，2020 年韩国对日本的贸易逆差为 209.32 亿美元。其主因是韩国长期从日本进口零部件以及原材料等。这就很容易陷入一个循环，韩国产品对外出口越多，那出口产品所需的日本零部件及原材料越多，这种情况导致了日本一直在对韩贸易中处于贸易顺差的状态，且韩国对日本的贸易逆差长期比较稳定。但是在2019年日韩两国之间展开激烈的贸易战，两国关系比较紧张，尤其日本政府选择对韩国进行高调制裁，韩国也对此回应，双方之间的贸易情况陷入僵局，猜测，日韩两国的贸易在未来进出口总量均呈现出下降的趋势（见图4）。

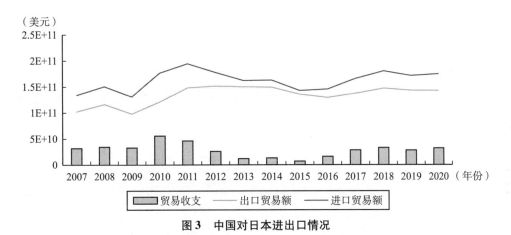

图3 中国对日本进出口情况

资料来源：UN Comtrade。

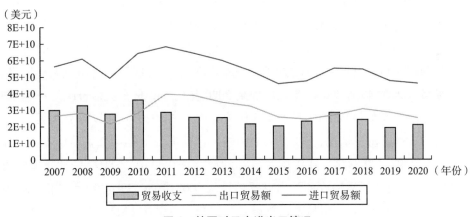

图4 韩国对日本进出口情况

资料来源：UN Comtrade。

（二）中日韩贸易结构嬗变

根据联合国贸易数据库对国际贸易间产品的分类方式，中日韩三国之间的商品贸易种类可以分为十类，SITC9指的是未分类的其他制品。SITC的0~8类具体情况如

表 2 所示。其中，可将 SITC0~8 类再次进行细分，分为初级产品和工业制成品两大类。SITC 的 0~4 类为初级产品，为资源密集型产业。SITC 的 5~8 类为工业制成品，其中第 6 类和第 8 类是劳动密集型产品，第 5 类与第 7 类是资本和技术密集型产品。

表 2 商品贸易种类

编码	内容
SITC0	食品及主要供食用的活动物
SITC1	饮料与烟酒
SITC2	燃料以外的非食用燃料
SITC3	矿物燃料、润滑油以及相关原料
SITC4	动植物油脂及石蜡
SITC5	未列明的化学品及相关产品
SITC6	按原料分类的制成品
SITC7	机械及运输设备
SITC8	杂项制品
SITC9	未分类的其他制品

1. 中国和日韩的贸易结构

根据中韩的进出口产品情况，在 SITC0 - 9 类中，工业制成品的比重较大，而且 SITC7 - "机械及运输设备" 在中韩贸易中占据了最大的比例。从 2007~2020 年，在中国对韩国的商品进出口中，SITC7 的比重基本在增加，SITC7 - "机械及运输设备" 出口贸易量从 2007 年的 206 亿美元增加到 2020 年的 540 亿美元。SITC7 - "机械及运输设备" 进口贸易量从 2007 年的 490 亿美元增加到 2020 年的 1076 亿美元。

根据中日的进出口情况，SITC7 - "机械及运输设备" 在中韩贸易中占据了最大的比例。从 2007~2020 年，在中国对日本的商品进出口中，SITC7 的比重基本在增加，SITC7 - "机械及运输设备" 出口贸易量从 2007 年的 399 亿美元增加到 2020 年的 637 亿美元。SITC7 - "机械及运输设备" 进口贸易量从 2007 年的 751 亿美元增加到 2020 年的 1010 亿美元（见图 5）。

从表 3 和表 4 看，中国对韩国和日本在出口商品方面，初级产品所占比例总的来说呈递减态势。2007 年中国对韩国和日本的出口初级产品所占比重分别为 12%、51%，但是在 2020 年中国对韩国和日本的出口初级产品所占比重分别为 6%、38%。工业制成品的比例在出口方面呈现的则是递增的趋势。工业制成品所占比重在 2007 年中国对韩国和日本出口中均为 88%，到 2020 年该比值分别增长到 94%、91%。

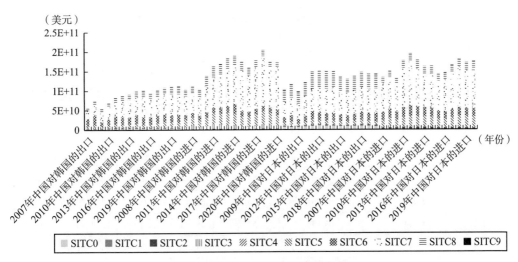

（美元）
2.5E+11
2E+11
1.5E+11
1E+11
5E+10
0
（年份）

2007年中国对韩国的出口　2010年中国对韩国的出口　2013年中国对韩国的出口　2016年中国对韩国的出口　2019年中国对韩国的出口　2008年中国对韩国的进口　2011年中国对韩国的进口　2014年中国对韩国的进口　2017年中国对韩国的进口　2020年中国对韩国的进口　2009年中国对日本的出口　2012年中国对日本的出口　2015年中国对日本的出口　2018年中国对日本的出口　2007年中国对日本的进口　2010年中国对日本的进口　2013年中国对日本的进口　2016年中国对日本的进口　2019年中国对日本的进口

▨ SITC0　■ SITC1　■ SITC2　▥ SITC3　▨ SITC4　▨ SITC5　▨ SITC6　⋮ SITC7　≡ SITC8　■ SITC9

图 5　中韩和中日进出口商品贸易

资料来源：根据联合国 UN Comtrade 数据库计算所得。

表 3 　　　　　　　　　初级产品和工业制成品在中韩贸易中所占比重变化

产品构成	初级产品				工业制成品			
中国对韩国	进口金额（亿美元）	进口比重（%）	出口金额（亿美元）	出口比重（%）	进口金额（亿美元）	进口比重（%）	出口金额（亿美元）	出口比重（%）
2007 年	80.47	8	69.12	12	1035.85	92	564.22	88
2008 年	116.48	10	75.23	10	1119.80	90	738.93	90
2009 年	70.93	7	54.01	10	1021.75	93	537.01	90
2010 年	98.45	7	61.82	9	1379.40	93	687.82	91
2011 年	154.35	10	73.80	9	1617.12	90	829.70	91
2012 年	140.16	8	70.76	8	1667.43	92	875.66	92
2013 年	125.36	7	70.30	8	1829.28	93	912.20	92
2014 年	117.63	6	76.42	8	1900.09	94	1002.82	92
2015 年	87.22	5	65.69	6	1742.37	95	1012.09	94
2016 年	82.15	5	67.10	7	1585.34	95	936.60	93
2017 年	103.38	6	78.40	8	1772.45	94	1026.20	92
2018 年	136.03	7	82.76	8	2043.23	93	1090.76	92
2019 年	122.97	7	81.38	7	1732.98	93	1107.38	93
2020 年	105.14	6	69.89	6	1725.00	94	1118.89	94

资料来源：根据联合国 UN Comtrade 数据库计算所得。

表4　　　　　　　　　初级产品和工业制成品在中日贸易中所占比重变化

产品构成	初级产品				工业制成品			
中国对日本	进口金额（亿美元）	进口比重（%）	出口金额（亿美元）	出口比重（%）	进口金额（亿美元）	进口比重（%）	出口金额（亿美元）	出口比重（%）
2007年	60.94	5	119.84	51	1276.81	95	893.93	88
2008年	93.31	6	134.30	69	1411.03	94	1018.71	88
2009年	65.53	5	99.22	66	1242.05	95	871.55	90
2010年	75.42	4	121.15	62	1690.24	96	1080.73	90
2011年	80.62	4	151.15	53	1860.85	96	1321.39	90
2012年	81.59	4	153.77	53	1695.16	95	1362.43	90
2013年	76.81	5	139.30	55	1544.01	95	1362.01	91
2014年	68.94	4	134.23	51	1555.26	96	1359.66	91
2015年	54.94	4	125.00	44	1370.47	96	1231.13	91
2016年	51.36	4	119.05	43	1399.68	96	1171.61	91
2017年	59.13	4	132.30	45	1590.97	96	1235.95	90
2018年	67.86	4	145.01	47	1728.94	96	1324.03	90
2019年	53.03	3	136.48	39	1657.53	97	1289.94	90
2020年	46.25	3	121.31	38	1698.85	97	1295.36	91

资料来源：根据联合国 UN Comtrade 数据库计算所得。

中国对日韩两国的工业制成品进口较多，2007年中国对韩国初级产品和工业制成品的进口金额分别为80.47亿美元、1035.85亿美元，其对日本的进口金额分别为60.94亿美元、1276.81亿美元。从2007～2020年，中国对韩国工业制成品进口比重在2008年和2011年为最低水平，该比重也达到了90%。同样在2008年中日该值为94%，也是2007～2020年的最低值。在2020年中国对日本进口的工业制成品高达97%。

总体来说，初级产品在中日以及中韩贸易比重逐渐下降，而工业制成品在其贸易所占比重不断上升。总之，在初级产品和工业制成品之间，制成品方面的贸易在中日与中韩之间的贸易占比极为庞大。

2. 日韩两国的贸易结构

2007～2020年，在韩国对日本的出口商品贸易结构中，SITC7 - "机械及运输设备"、SITC6 - "按原料分类的制成品"占较大比重。在韩国对日本的进口商品贸易结构中 SITC5 "未列明的化学品及相关产品"、SITC7 - "机械及运输设备"、SITC6 - "按原料分类的制成品"占较大比重（见图6）。

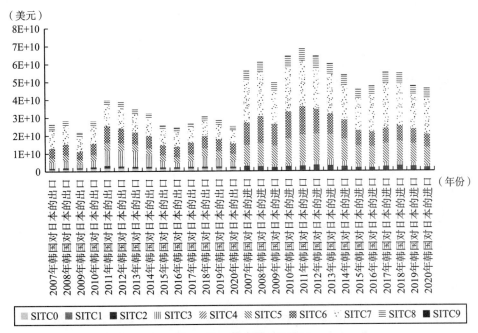

（美元）

图6　韩日进出口商品贸易

资料来源：根据联合国 UN Comtrade 数据库整理所得。

　　由表5可知，2007年韩国对日本在工业制成品上进口522.56亿美元，出口209.93亿美元。2020年韩国对日本在工业制成品上进口427.09亿美元，出口196.91亿美元。2007~2020年，工业制成品的占比略有下滑，但是总体上占比仍然是居高不下。

表5　　　　　　　　　　　　　**韩国对日本进出口产品构成详情**

产品构成	韩国对日本	2007 年	2013 年	2015 年	2017 年	2019 年	2020 年
初级产品	进口金额（亿美元）	38.90	64.12	37.23	43.28	43.49	30.10
	进口比重（%）	7	11	8	8	9	7
	出口金额（亿美元）	53.39	111.68	57.15	56.00	68.49	53.07
	出口比重（%）	20	32	22	21	24	21
工业制成品	进口金额（亿美元）	522.56	533.69	419.75	505.44	430.13	427.09
	进口比重（%）	93	89	92	92	91	93
	出口金额（亿美元）	209.93	233.67	197.14	211.20	214.83	196.91
	出口比重（%）	80	68	78	79	76	79

资料来源：根据联合国 UN Comtrade 数据库计算所得。

2007 年韩国对日本进口和出口初级产品所占比重分别为 7%、20%，到 2013 年该值分别上升为 11% 和 32%，到 2020 年该值又分别降到 7%、21%。而工业制成品进口和出口所占比重从 2007 年的 93%、80% 分别减少到 2013 年的 89%、68%，又回升到 2020 年的 93%、79%（见图 7）。

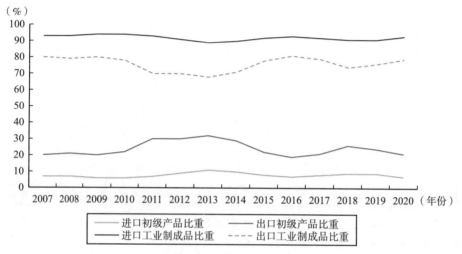

图 7　初级产品和工业制成品在日韩贸易中所占比重变化

资料来源：根据联合国 UN Comtrade 数据库计算所得。

三、RCEP 签署后中日韩贸易合作面临的机遇与挑战

（一）RCEP 下中日韩贸易合作面临的机遇

1. RCEP 将加速推进中日韩贸易合作进程

中国、日本、韩国、澳大利亚、新西兰和东盟成员国于 2020 年 11 月 15 日在第四次 RCEP 领导人会议上正式签署了《区域全面经济伙伴关系协定》来建立统一市场。这也表示中国和日本双方首次就双边关税减让达成了共识。在签署 RCEP 之前，中日韩三国均有许多自由贸易协定，规则复杂，具有"意大利面碗效应"。2021 年 3 月 22 日，中国率先完成了《区域全面经济伙伴关系协定》的核准，成为第一个批准该协定的国家。RCEP 于 2022 年 1 月 1 日对 10 个国家开始生效。中日韩三国可以充分利用 RCEP 来促进中日韩自贸区的建设进程。RCEP 在一定程度上协调了区域间的自由贸易协定的范围，有助于进一步推动中日韩"RCEP +"建设。RCEP 中最重要的一项就是关税减让模式，采用立即减让和逐步减让方式，对不同国家采用适当的与

该国国情相符合的政策，来一同发展贸易经济。RCEP 所确立的标准及规则，为中日韩达成自由贸易区协定提供了样板，能够照顾到日韩作为发达国家与中国作为发展中国家之间存在的利益分歧。RCEP 的制度优势不但降低了成员国的成本，而且促进了经济发展。同时，中日韩三国可以通过学习 RCEP 经验来降低谈判和博弈成本，加快中日韩自贸区的建设脚步。

2. 安全利益追求将系牢中日韩三边贸易关系

在经济全球化的推动下，从 2013 年 3 月中日韩三国正式启动了自由贸易区谈判，截至 2019 年 11 月，中日韩三国已经共进行了 16 轮谈判。RCEP 的签署增强了区域间的信任程度且在中国还未加入 CPTPP 的情况下，其有助于降低中国在未来贸易合作中的不确定性。中日韩三国一直是自由贸易的支持者。随着经济全球化不断推进，中日韩三国都强调要坚持经济全球化路线，促进区域经济一体化。消除关税壁垒是 RCEP 一直追求的目标，这有助于促进中日韩三国和 RCEP 的贸易，加强区域经济贸易合作。RCEP 在全球面临疫情挑战时达成，疫情期间中日韩三国互帮互助，尤其是中国在此期间展现了大国风采。在疫情期间，中国开通了对韩国和日本的绿色通道，帮助他们度过紧迫时刻。作为世界上最庞大的自贸协定，它会推动 RCEP 成员以及中日韩三国一直坚持以 WTO 为中心的多边贸易体系来逐步推进经济一体化的实现。

3. 中日韩三国具有超强的贸易合作基础

中日韩三国是东北亚最具活力的经济体。中日韩三国均对 RCEP 的进展起到不可忽视的作用。RCEP 旨在实现贸易自由化和货币自由化。在 RCEP 的框架下，中日韩的贸易经济合作不断提升。我国是日本和韩国最大的经济贸易合作伙伴。2020 年，中日韩三国贸易额高达 6738.86 亿美元，其中，中日与中韩的贸易总额分别为 3175.09 和 2852.60 亿美元。我国虽然是中日韩中唯一的发展中国家，但是也掌握了全球最完善的现代工业体系。我国的王牌工业重点为资源密集型和劳动密集型。而日本的高新科技工业历史悠久，并掌握了很大的比较优势。韩国也同样注重创新型工业的发展，并大力发展以半导体为主的高新科技工业。而且中日韩三国的人口规模超 16 亿人，占全球人口 22%。这具有聚集效应和激励效应。但鉴于中日韩三国在技术资源和工业发达程度方面的巨大差距，因此中日韩三国必须互相分工与合作，并依靠各自的比较优势，推动三国加强贸易合作，优化配置，实现高质量发展。

（二）RCEP 下中日韩贸易合作面临的挑战

1. 中日韩三国互信度低

政治分歧、历史纷争始终是中日韩自贸区建成的一大干扰因素。日本对于中日的历史有着错误认识。日本部分官员在证据确凿的情况下，仍然否认南京大屠杀等事实，日方甚至篡改教科书来歪曲历史真相。在日韩方面，日本政府同样不愿承担历史责任，在诸如"慰安妇"等问题上与韩国冲突不断。

而且在领土主权问题方面，中日韩三方也一直存在矛盾，严重影响了三国的贸易关系。在此期间，总体来看，贸易规模呈现出下降的趋势。

2. 拜登政府的干预

特朗普在执政时期，采取逆全球化的做法，拜登总统上台后，强调他要带领美国重返多边主义来提高美国的全球领导地位。拜登政府加强和其盟友的关系，同时表示要重新加入 CPTPP，一旦美国加入 CPTPP，会给中国在国际上的政治经济合作带来不确定性。我国近些年来的经济飞速发展，美方一直从各方面尝试打压中国的发展。在美国的影响下，中日韩之间的关系一直十分微妙。从政治方面看，由于日韩与美国之间是密切的军事政治联盟，所以日韩对中国的政策始终是飘忽不定的。

3. 新冠肺炎疫情的影响

2020 年突如其来的新冠肺炎疫情扰乱了正常的经济秩序。虽然国内的疫情已经得到控制，但是在国外疫情控制不当的现状下，全球经济仍然是放缓的局面，这进而又影响中国经济的发展。新冠肺炎疫情暴发以来，中日韩特别是中日、中韩之间保持了密切沟通与协调，同时由于全球疫情的影响，当前世界经济发展的不确定性因素增多，疫情失控带来的区域矛盾可能会再次爆发。这会扰乱 RCEP 的实施进程，进而影响三国间、三国在 RCEP 区域的产业合作发展。中日韩三国的经济形势同样较为严峻，严重阻碍了产业链的快速发展。这对中日韩自贸区的推进是个挑战。

四、RCEP 框架下加强中日韩贸易合作的对策建议

第一，"一带一路"助推中日韩合作。"一带一路"倡议以共商、共建、共享为原则，来实现世界和平和经济发展。同 RCEP 消除成员国关税壁垒目的一样，"一带一路"倡议国家之间关税壁垒和非关税壁垒的互相削减都能够创造经贸合作机遇。通过中日韩三国合作，国与国实现互利互惠共赢，优化资源配置，实现高质量发展。"一带一路"的推动有利于促进中日韩自贸区合作进程的持续发展和最终完成。"一带一路"倡议提出将改善非关税贸易壁垒作为重点发展方向，共同推动各国以及区域间的贸易自由化与便利化。优化"一带一路"沿线国家的营商环境有利于促进自由贸易。"一带一路"政策不仅对中国有利，对沿线国家也能够创造巨大经济效益。推进沿线国家间的区域合作，倡导国家间的标准体系相互兼容，以此完善政策法律体系，并做好尽快细化和落实的工作，为改善营商环境提供政策及法律上的支撑，这有利于实现合作共赢的良好发展局面。促进沿线国家间产业互补，提升国家间的信任

度，发掘贸易合作潜力。沿线国家充分发挥自身的比较优势，进一步改善各国贸易结构，促进中日韩三国贸易往来，不断提升经济结构并且促进产业升级。"一带一路"倡议符合我国命运共同体的政策，能够加强沿线国家的交往与合作，有助于中日韩合作，为中日韩自贸区的建设提供了良好的背景。

第二，促进中日韩三国的产业升级。中日韩三国都在亚洲地区的产业链中具有相当的领导实力，且三国均在持续提升各自业务发展水平，其中以中国的创新驱动发展战略为代表，它以科技创新为核心推动全面创新，积极把握我国的自主权以增加我国的核心竞争力。而且中日韩三国拥有着各自的产业结构和消费市场，但由于中日韩的发展差距实现难度系数较高，因此，我国要进一步优化产业结构，不断推进我国的制造业向中高端发展，不断提高产品质量和市场竞争力，提升参与国际竞争与合作的能力，迈向制造强国。中日韩三国都应该携手合作，发挥其在 RCEP 下的主导地位，挖掘 RCEP 的制度优势，补齐短板，推进中日韩自贸区的进程。"后疫情时代"，中日韩产业合作领域将更加拓宽。在疫情期间，中国加快了与日本和韩国之间的快速通道与绿色通道的开辟，互相支援防疫物资，共享防疫信息，构建防疫制度，依托东亚区域地缘关系建立了区域化供应链，成为应对全球产业链"掉链"危机的可靠举措。RCEP 框架下，将进一步拓展中日韩三国在"后疫情时代"产业链协作的范畴。为发挥中日韩三国在 RCEP 中的主导作用，三国应携手合作，充分挖掘 RCEP 带来的制度红利。推动各成员国按照协定实施承诺，降低贸易成本及商品价格，提高投资便利性，拉动经济增长，使区域内各国和消费者从中受益。应以 RCEP 为契机，重构中日韩间乃至亚洲的产业链，形成更为紧密的区域贸易投资和产业分工关系，进一步促进区域和全球经济复苏。尤其重要的是，三国应以 RCEP 为基础，推进一波三折的中日韩自贸区谈判取得实质性成果，积极促成"RCEP ＋"的中日韩 FTA 早日实现，并以此推动亚洲区域经济一体化发展进程。

第三，利用 RCEP 促进中日韩自贸区的建设。RCEP 是亚洲第一个最大的自贸协定。RCEP 的人口占全球 1/3，对外贸易额占世界 7/20。在 RCEP 贸易框架下，中日韩三国应相互尊重各国的国情，在发挥各国的比较优势下，增强彼此的贸易互通，从而实现共同发展。RCEP 为逐步消除成员国之间的关税壁垒，采取立即降至零关税与逐步减让相结合的降税模式，并根据缔约方采取不同的关税减让安排。其中对东盟成员国、日本、韩国、澳大利亚和新西兰采用不同规定、分阶段进行关税减让，满足不同发展水平成员国的需求，最终实现货物贸易自由化。中日韩三国建立了联系更加紧密的地区经贸伙伴，这将促进中日韩三国的地区经贸科技合作，进一步削弱了三者间的国际贸易壁垒，并有效促进了中日韩三国自贸区的形成进程。我国可以在 RCEP 应对敏感产业及其他领域的相关措施基础上，进一步推动中日韩"RCEP ＋"建设，促进中日韩自贸区建设。中日韩自贸区自从开始进行就一直是个巨大的难题。中日韩三国一直未达成自贸区建设的共识。随着 RCEP 的进程，中日韩三国应该借助于 RCEP 提供的平台，按照实用主义方式，采取灵活务实的策略，最大限度推进中日韩 FTA 的达成，大力推动东亚区域经济一体化进程。

参 考 文 献

[1] 卢国学：《RCEP 签署的边际效应》，载《中国发展观察》2020 年第 22 期，第 27～29 页。

[2] 匡增杰：《中日韩自贸区经济效应的再分析——基于 GTAP 模型的研究》，载《经济问题探索》2015 年第 3 期，第 170～175 页。

[3] 金香丹、廉晓梅：《特朗普政府贸易保护主义政策冲击：中日韩 FTA 谈判的机遇与挑战》，载《东北亚论坛》2019 年第 5 期，第 92～101、128 页。

[4] 黄挽坤、康成文：《RCEP 框架下构建中日韩自贸区的制约因素分析》，载《商业经济》2021 年第 11 期，第 85～87 页。

[5] 赵春江、付兆刚：《RCEP 与深化中日韩贸易合作的机遇与挑战》，载《东北亚论坛》2021 年第 6 期，第 46～58、125 页。

[6] 艾渺：《RCEP：深化中日韩经贸合作的催化剂》，载《中国对外贸易》2021 年第 11 期，第 26～27 页。

[7] 张彦：《RCEP 下中日韩高端制造业的区域价值链合作》，载《亚太经济》2021 年第 4 期，第 11～22 页。

[8] 杨娜：《全球经济治理机制的革新与探索——以 RCEP 的构建为例》，载《国际经贸探索》2020 年第 12 期，第 67～81 页。

[9] 张司晨：《依托中日韩 FTA 新进展推动东北亚区域合作实现新突破》，载《东北亚经济研究》2020 年第 1 期，第 49～57 页。

[10] 周锡生：《世界大变局下的东北亚地区合作：机遇与挑战》，载《国际关系研究》2020 年第 2 期，第 70～89、156 页。

[11] 梁艳芬：《新冠肺炎疫情对世界经济的影响分析》，载《国际经济合作》2020 年第 2 期，第 4～11 页。

[12] 周永生：《加快推进"中日韩自由贸易协定"谈判的机遇与挑战》，载《东北亚论坛》2019 年第 6 期，第 81～94、125 页。

[13] 吴伟波：《中日韩自贸区：机遇、挑战与前景》，载《对外经贸》2020 年第 11 期，第 34～37 页。

［14］庞中英：《以全球视野构建 21 世纪的东亚经济伙伴关系》，载《东北亚学刊》2020 年第 2 期，第 16～21 页。

Evolution and Countermeasures of trade cooperation between China, Japan and South Korea after the signing of RCEP

Cheng Na   Bai Jia

Abstract：The regional comprehensive economic partnership Agreement （RCEP） will come into force on January 1, 2022. The signing of RCEP aims to establish a unified market by reducing tariff and non-tariff barriers. Its formal entry into force marks the birth of the world's largest free trade area. As an important milestone of regional economic integration in East Asia, RCEP has laid a foundation for the in-depth trade cooperation between China, Japan and South Korea. Based on the economic and trade cooperation between China, Japan and South Korea, this paper makes an in-depth analysis of the opportunities and challenges faced by the China, Japan and South Korea free trade area after the signing of RCEP, and puts forward policy suggestions to promote the economic and trade cooperation between China, Japan and South Korea. It is proposed that China, Japan and South Korea should work together to fully tap the institutional dividends brought by RCEP and speed up the construction of China, Japan and South Korea free trade area, so as to promote the process of East Asian economic integration.

Key words：RCEP   Trade cooperation   Trade structure   China Japan ROK Free Trade Zone

关于建设辽西融入京津冀协同发展战略先导区的对策研究

张　依　房夕盟[*]

摘　要： 2018 年习近平总书记在东北三省考察后的座谈会上强调，要认真贯彻新时代中国特色社会主义思想和党的十九大精神，深入推进东北振兴，落实党中央关于东北振兴的一切决策部署。推进东北地区全面深化改革，策略之一是将东北地区与其他区域联系起来，使东北振兴与国家重大发展战略对接，打造协同发展新格局。在此发展战略下，与京津冀经济圈毗邻的辽西地区成为重大突破口。2020 年辽宁省委提出建设辽西融入京津冀协同发展战略先导区，发挥区位优势打造新的增长极，加强与京津冀合作对接，从而拉动辽宁经济快速增长，实现辽宁振兴。本文首先对辽西与京津冀地区合作面临的问题进行总结；其次以皖北融入长三角一体化发展为典型案例深入分析；接着结合辽西地区实际情况明确各市融入京津冀的战略着力点；最后进一步提出关于建设辽西融入京津冀协同发展战略先导区的对策建议。

关键词： 东北振兴　辽西地区　京津冀　协同发展

＊ 作者简介：张依（1996～），女，辽宁省锦州人，辽宁大学经济学院博士生，研究方向：规制经济、区域经济，526991721@qq.com；房夕盟（2000～），女，吉林省长岭人，辽宁大学经济学院本科生，研究方向：区域经济，1224896618@qq.com。

一、辽西与京津冀地区合作面临的主要问题

（一）顶层设计与配套政策有待完善

在省级层面上，辽西融入京津冀协同发展先导区建设尚缺乏顶层设计、科学规划、配套政策的支撑。应制定《辽西融入京津冀协同发展先导区建设方案》与相关指导意见、配套行动措施，基于对京津冀协同发展与产业转移需求情况的分析，围绕朝阳、阜新、葫芦岛等市资源与产业比较优势，找准与京津冀合作的融入点、切入点，明确"通道对接、产业对接、平台对接、市场对接"等合作路径，引导先导区内部形成协调联动效应。

（二）先导区与京津冀常态化对接合作机制不健全

首先，辽宁省与京津冀政府间的常态化合作机制不健全，会影响到"通道对接、产业对接、平台对接、市场对接"等融入规划的落地实施效果，应通过成立省级专项工作推进小组等方式形成与京津冀三地政府、先导区城市的协调对接机制。其次，区域合作利益协调机制不完善，例如飞地经济（园区共建）财税利益分配、科技成果利益分配机制不完备，省里应统筹明确与京津冀合作的区域利益协调机制，引导先导区城市完善与京津冀资源共享、产业转移、生态治理等领域的合作机制。

（三）先导区内部合作领域有待拓展

朝阳、阜新、葫芦岛等市在与京津冀产业合作方面呈现"各自为战"的局面，整体融入性较低，产业同构化、同质化竞争问题突出，如有色金属新材料、装备制造、农产品加工等"老""原"字号产业重合度较高，应通过建立政府间对接沟通机制、合理规划布局等方式，在产业发展方面细化分工、错位互补、扬长避短，在产业合作与承接过程做到"有所取舍，强化优势"。同时，先导区内部也应加强优势产业资源整合力度，以建设联合体等方式，在文化旅游、有色金属、电子信息、农产品加工等区域特色产业发展方面形成协同合力，共同开发辽西文化旅游大环线，在旅游产品研发、营销、推广等方面建立合作机制，推进辽西旅游一体化发展。

（四）基础设施建设程度有待提升

首先，受财力影响，辽西地区园区的基础设施建设存在短板。并且，以5G基建、人工智能、工业互联网、大数据中心、新能源汽车充电桩、特高压等为代表的新

型基础设施建设相对滞后，"上云用云"企业规模较小，数字化、智能化、绿色化转型基础较差。其次，面对京津冀清洁能源需求日益增长的趋势，辽西在新能源方面与京津冀的合作前景较广阔，但与京津冀互通的特高压、智能电网、天然气供气管道等清洁能源输送通道和基础设施建设程度还较低。

（五）产业承接与合作呈现一定的盲目现象

辽西地区在承接京津冀地区产业转移时存在盲目性，在项目谋划方面缺乏三方面理性思考：一是对自身承接产业的优势条件及产业链薄弱环节缺乏系统认知；二是对京津冀产业转移与投资动向信息追踪不及时，缺乏对重点高技术企业的深度研究；三是对承接项目的成本、经济与社会收益、质量缺乏科学论证。

（六）科技型、技能型人才资源相对短缺

辽西地区人才流失问题较为明显，支撑战略性新兴产业、高新技术产业、先进装备制造业等产业发展所需的科技型人才、技能型人才缺口较大，导致产业难以实现转型升级，被锁定在产业链分工的中低端环节。因此，在与京津冀的双向合作中，应注重柔性引进高层次科技型人才，实施"人才＋团队＋项目"的"带土移植"工程，并且在技术人才培训方面加强与京津冀校企合作。

二、皖北融入长三角一体化发展经验分析

国家区域发展格局的深入变革，使得长三角地区一体化发展有了进一步升级，2018 年习近平总书记在首届中国国际进口博览会的开幕式上指出，为了更快地推进深化改革和更进一步的对外开放，支持将长三角一体化战略升级为国家战略完善国家空间布局。2019 年国务院印发《长江三角洲区域一体化发展规划纲要》将长三角区划面积扩大，皖北地区划入长三角。相比于皖南地区，皖北地区由于产业布局不合理、劳动力转移等问题经济发展落后。如何融入长三角一直是近几年皖北地区发展的重大方向，其采取的以下措施对于具有相似特点的辽西地区有着宝贵的借鉴意义。

（一）利用农产品优势，打开农业发展新格局

皖北地区地势平坦以平原为主，耕地面积约占安徽省耕地面积的一半，气候温和雨量适中，在农产品种植上处优势地位。因此皖北地区依托农产品，顺势打造"绿色农业"。首先，通过构建农产品生产优质化体系，制定了更加规范、严格的农产品生产标准。例如，在生产阶段，利用先进技术手段对农产品进行严格的质量监测，确

保农产品质量安全。在销售阶段，规范农产品包装，利用"绿色标签"等区分优质农产品。其次，将农产品生产与科技创新相结合，打造全新生产线，推动农产品生产自动化并推进农业新品种的研发，不断扩大皖北地区农产品优势。最后，将农产品与绿色生态相结合，打造以"健康、绿色、天然"为标签的农产品品牌，树立品牌形象。同时，通过政府的政策打通皖北地区与长三角地区的产销对接通道，使品牌效应扩大化。这样一来，通过一系列规范化的措施，能够合理整合皖北地区农业产业优势，促进农业转型升级，在融入长三角的过程中促进皖北地区的快速发展。

以"皖北粮仓"安徽省宿州市埇桥区为例，为全面深化农村改革，埇桥区先行先试，优先发展农业现代化，并于2012年创建新型联合体，极大地加快了乡村振兴的脚步。2020年已是埇桥区粮食生产达到的第16年连续丰收。埇桥区的成功总结下来有如下经验：

一是推动组织形式创新。埇桥区所创的新型农业联盟联合体是全国首例现代农业与产业化的结合。所谓联合体经营模式，就是将单独的农户结合到一起，精细化分工合作，极大地提高了生产效率，增加了粮食产量。埇桥区联合体的出现标志着农村农业改革走向创新发展道路，2018年联合体正式被写入中央一号文件，并在全国推广实施。从此埇桥区的农业改革成了全国各地农村改革的样本。除此之外，埇桥区还以更加严格的标准打造了农业领域的龙头企业，利用龙头企业带动普通农业企业乃至家庭农户开拓农产品市场。

二是促进仓储结构调整与数字化平台对接。在仓储结构方面，埇桥区进行了优化改革。通过生产技术的改造升级，建立更加符合实际的仓储系统，推广"生态绿色"的存储模式，使优质的粮食能够更好地被保存，从而提升埇桥区对外销售的能力。此外，通过技术革新、产业改造升级等投资项目，使得埇桥区粮油生产线水平更高效、更卫生、更健康。通过与电商平台对接使埇桥区粮食供应链扩展到线上，进一步打通粮食销路。

三是积极试验新型农产品和高端农产品。埇桥区作为传统农业区域常年种植小麦和玉米。但党的十九大以来，为深入推进农业改革、乡村振兴，埇桥区先行先试培育出高端优质小麦，还培育了埇桥大豆、栏杆牛肉等特色农产品。埇桥区进一步创新尝试种植蓝莓、无花果等新品种，并且试验成功。为开拓更高端的农产品市场，埇桥区培育了"天葡山庄葡萄"等高端产品。埇桥区的创新创造了新型现代化农业示范区，不断提高粮食产量和粮食质量，使其成为埇桥区经济增长的重要拉动力。

（二）加快交通建设，承接长三角产业转移

皖北地区作为欠发达地区，一直以来交通基础设施建设是该地区的短板项目，人民出行十分不便。但是自长三角一体化战略实施以来，皖北地区不断加强交通网络建设。以阜阳为例，2020 年是阜阳市迈入高铁时代的首次春运。在此次春运过程中，发送旅客量明显增多，旅客出行时间显著减少。当然，人民出行便利仅仅是皖北地区高质量融入长三角区域的一个小方面，更关键在于皖北地区成为长三角产业转移的承接地。但是就皖北地区的条件来看，距想要承接长三角产业转移还有一定差距。因此当地政府出台了一系列措施，将"加强皖北地区交通基础设施建设"作为重要项目推进，实现皖北地区与长三角区域互联互通，促进皖北振兴。目前，皖北地区的高速公路网正在逐渐完善，新增多条与长三角地区联通的高速公路，高铁出行也更加便捷。皖北地区还构建了以阜阳、蚌埠为枢纽，重要节点相互关联，连通京津冀与沪苏浙的现代铁路网络。交通基础网络构建基本完成，更快地衔接了长三角地区，实现物流运输一体化承接产业转移。此外，阜阳机场扩建以及杭州、蚌埠等地机场初步设计正在有序开展。利用庞大的交通系统，皖北地区与长三角地区能够顺利展开全面的战略合作，具体包括打造省际合作示范区以及承接产业转移项目，融入重大科技创新平台，重点培育皖北地区中小企业等。

（三）促进人文交流，推动区域旅游一体化

交通网络的全覆盖是皖北地区高质量融入长三角的基础，想要进一步促进皖北经济增长还要通过皖北地区与长三角地区之间的人文交流实现。自古以来皖北地区代表着淮河文化与老庄文化，有着强烈的地域文化特征。皖北地区利用丰厚的历史文化底蕴，依托红色教育和良好的生态环境，大力发展旅游产业。皖北地区还十分重视生态建设与田园风光，建立特色小镇打造长三角的"后花园"。由于高铁时代的到来，皖北地区与长三角地区的联系更加紧密，两地可以联合起来，推动区域旅游一体化发展。皖北还结合当地特色打造别出心裁的旅游标签，联合皖北各个地区规划黄金旅游路线。除此之外，硬件条件上皖北也做了新的突破，通过搭建线上信息交流平台让游客足不出户了解旅游线路和特色景点并进行预订，更加方便快捷。皖北地区与长三角地区的人文交流，还体现在教育的合作上。皖北正积极争取沪苏浙院校在皖北地区设立分支机构，引进优质资源，促进皖北教育体系的高质量发展，从而加快长三角区域协同发展。

（四）重视毗邻党建，实现资源与人才引进

毗邻党建是在长三角区域一体化战略下的新的创新实践。一方面，毗邻党建可以促进地区间的对接，通过党的基层组织的互联互通实现人才交流，有效地融合各地区间的信息，实现资源的开放共享；另一方面，毗邻党建能够协调各个地方的力量，在

党员队伍的引领下，实现区域的协调平衡，促进落后地区的经济发展。皖北地区正积极构建与沪苏浙党组织嫁接的桥梁，将招商与党建相结合。引进沪苏浙投资项目的同时不断规范基层党组织，用党建项目引领生产技术、经营管理等方面的革新，使之标准化、规范化，进一步推动皖北地区高质量融入长三角。

三、辽西各市融入京津冀的战略着力点分析

辽西地区包括辽宁省锦州、朝阳、阜新、葫芦岛和盘锦五市，地理位置优越，锦州、葫芦岛、盘锦均位于渤海沿岸，朝阳和阜新属于内陆地区。辽西自古以来是一个矿产资源与水土资源丰富的地区，但是随着工业的过度开采以及农业的过度耕种、砍伐树木导致天然植被被破坏，现在的辽西面临着资源枯竭的问题，阜新就是其中典型的代表，因此重整辽西是实现辽宁振兴路上的关键一环。辽宁省委十二届十四次全会提出建设辽西融入京津冀协同发展战略先导区，发挥辽西毗邻京津冀的区位优势，打造辽宁开放合作的西门户和新增长极，这是辽宁主动对接国家重大区域发展战略的关键举措。加快辽西融入京津冀地区，应结合各市实际，借鉴皖北融入长三角等区域一体化合作经验，将以下四个方面作为着力点：首先，交通基础设施建设是采取其他融入对接措施的基础。应从海陆空三方面出发，构建完善的交通系统网络。其次，优化营商环境、加强产业合作和企业转型升级是辽西融入京津冀地区的必然之路。再次，充分发挥辽西地区的区位优势。发展精工细作、绿色农业，并利用港口从事进出口贸易。最后，着力发展辽西地区的软实力，做强区域性旅游产业。从多方位展示辽西地区的生态人文特色，可以利用悠久的历史文化开展"红色旅游"活动；通过生态保护和环境治理，将自然景观打造成旅游示范区；配合乡村振兴战略，建设乡村民宿展示乡土文化，促进乡村旅游的发展。各地区要结合实际，针对不同方面进行不同的战略部署。

（一）阜新市：农业强市

阜新作为资源枯竭型城市的转型试点，应当将重点放到改善生态环境以及发挥自身农业优势上。继续发展现有示范园区，如彰武草原生态恢复示范区及百里矿区的综合治理区域。扩大示范园区的建设，具体可以落实到每个村庄，因为建立生态示范园区也是促进农业发展的有效途径之一。还可以通过与农科院等农业研究机构、科研高校合作研发更适宜本地气候及土壤条件的农作物，利用自动化设备进行监测和种植，采用先进的技术栽培与储存。此外，农业示范区还可以作为高校培育学生的实践基地以及农民培训的教育基地。这样既可以加强与高校的科研合作，还能够使农民获得更

多的知识技能，更好地为农业示范园区提供帮助，形成良性循环。

在农业发展方面，阜新市应当继续推进"一核一轴两区两带"的空间布局，争取在"十四五"期间，把阜新从农业大市发展为农业强市。阜新市在农业发展上的定位是"绿色食品基地"。因此，在开拓新的空间布局上仍然是以绿色健康为核心，进而带动阜新东西两区域的农业发展。由于地形地势的影响使阜新东部地区主要生产果蔬等产品，西部地区重点发展农牧产业以及杂粮作物，因此两个区域可以分别形成两条产业链。东部地区发展果蔬产品以及以果蔬产品为原料的休闲食品及饮品，形成"生产—包装—批发"的产业链条。西部地区则发展肉类及乳制品的生产链。无论是哪一条产业链都需要线上信息交流与线下仓储服务的有机结合，因此在着力打造绿色健康农产品产业链的同时也要大力推进数字化平台的构建以及仓储物流系统的升级，推动阜新市成为农业发展强盛的现代化示范园区，借此打开销路连接京津冀地区。

（二）朝阳市：交通枢纽

朝阳市自古以来就是东北与其他地区政治、经济交流的枢纽，也是历来兵家必争之地。朝阳地理位置特殊，东部为辽宁省工业城市聚集地，北部与内蒙古相连，西部毗邻京津冀经济圈。因此，在辽西融入京津冀战略发展过程中，朝阳起到了重要的交通枢纽作用。在建立先导区的过程中，朝阳的首要任务是建立完善的交通网络体系，并借此承接产业转移和发展旅游产业。2021 年 1 月京沈高铁的全线开通为朝阳交通网络体系的构建提供了新的发展机会。因此朝阳市应在"十四五"期间继续完善高铁网络，同时兼顾港口与航天线路做到海陆空同时发展。

交通系统完善之后，朝阳应趁热打铁大力开展招商引资活动，继续推进"四接三引"，实现全方位对接，引进企业、资本、人才，推动建设辽西融入京津冀协同发展战略先导区。在承接产业转移方面，首先要大力发展当地特色产业，朝阳地区的特色产业为有色金属材料产业，因此可以在原有基础上完善和加长产业链条，打造特色有色金属生产基地。其次对接京津冀地区各个产业，继续引进装备制造业项目以及新兴产业。朝阳地区已经成为京津冀地区制造业转移最近的承接区域之一。最后还要进行平台的对接，加强经济开发区与京津冀大型产业园区以及教育医疗机构的对接，促进产业合作。在资金与人才引入方面，加大企业改革和创新力度，吸引外来企业投资，而且交通的便捷，使得朝阳地区的招商引资更具有优势，更多的创新人才及创业者会选择到此地发展。人才对接通道已经打开，产业发展势头会更加兴旺。实现全面振兴，就在不远的将来。

交通的发展不仅带来了产业的发展，还带来了旅游业的繁荣。辽西地区有着大量珍稀动物的化石，辽西地区也被世人称为中国的"白垩纪公园"，吸引无数游客前来。随着交通系统的发展，朝阳也重点投资了大批旅游项目，"白垩纪主题乐园"就是其中之一，目前正在顺利进展。除此之外，朝阳凌源市也应当凭借自身旅游资源丰富的优势，打造多条旅游线路，让游客领略自然风光。目前凌源市将旅游景点串联为四大片区，各具特色。未来凌源市应当继续提升文旅产业的品质，抓好当地的环境保护，避免因旅游产业的发展而破坏了当地的生态环境。

（三）锦州市：外贸港口

锦州市位于环渤海经济圈，是辽宁省重要的工业港口城市。因此，为更快融入京津冀地区，锦州市应当大力发展港口经济。2020年锦州港对外贸易吞吐量与2019年同期相比增长了5%，凭借港口经济的发展锦州市对外开放的脚步逐渐加快。2020年6月，锦州至海南内外贸同船航线开通，标志着内外贸易的新途径，有效地推进了南北业务的贯通融合，也使得锦州对外贸易更加便捷。在如此强盛的发展势头下，应当注意可持续发展的问题，要掌握好后发优势将港口经济做大做强。首先对港区进行合理规划科学布局；其次要整合港区资源，强化各区域功能分工协作；最后要保证港区环境不被破坏，实现共赢。这样一来锦州不仅能够促进经济先导区的构建，也能够在"一带一路"建设上发挥重要作用，打开锦州市新格局。

锦州还应当注重保护历史遗迹，锦州市具有许多古老的特色村落，尽显辽西的地域特色。例如，位于锦州市北镇市的华山村是国家最古老的村落之一，至今仍然保留着百年前的面貌，被外界称为当代的世外桃源。这不仅是锦州市生命的一部分，还代表着国家的历史和底蕴。

（四）盘锦市：湿地生态

盘锦市位于辽河入海口，是中国重要的石油化工基地，也是沿海经济带的主要城市之一，盘锦的湿地资源十分丰富，2004年被列入《国际重要湿地名录》，是丹顶鹤迁徙的重要停歇地。此外，提到盘锦不得不提到盘锦大米，由于盘锦的气候及地理特征适宜水稻等其他农作物的生长，因此从战略发展角度看盘锦地区，可以从上述两个方面入手提升区域竞争力，加速构建辽西融入京津冀先导区。一方面，盘锦始终坚持湿地生态保护并采取"退养还湿"等整治行动。2021年盘锦市在大力整治下，新增自然海岸线15.77公里，深入贯彻落实了国家生态文明建设，建立生态文明示范区为高质量融入京津冀打下坚实基础。另一方面，在推动乡村振兴上，盘锦市推出"精耕细作"的现代化农业产业示范区。首先，通过延长原有产业链提升农产品附加值，促进新兴产业的发展，也即在原有基础上加入精深加工环节，构建精深加工基地，使农产品生产加工产业链更完备,承接京津冀地区农产品加工业产业转移;其次,还可以建立农业现代化基地,促进乡村产业融合,通过划分不同功能区块,分区管理,高效便捷;最后利用"互联网+"技术开展农业数字化建设,搭建智慧农业平台,精准治理。

(五)葫芦岛市:全面发展

葫芦岛市是辽宁省西部的一个沿海城市,毗邻山海关,地处环渤海经济圈,是东北与关内地区相互关联的通道,位于京哈高速沿线,通过两个主要港口进行海上运输。因此,葫芦岛应该充分利用地理位置的优势,承接产业转移。葫芦岛可以利用自身资源禀赋,进一步发展船舶制造业,还可以打造军民融合发展示范区。葫芦岛应当全面发力,主动承接人文旅游、智能制造、交通运输等项目,并配合政府政策打通战略发展渠道。目前葫芦岛也在陆续出台相应的优惠政策,促进高新技术产业园区的开发与科技创新。大力发展招商引资活动,展示葫芦岛优越的营商环境,全力推进辽西融入京津冀协同发展战略先导区建设。

四、建设辽西融入京津冀协同发展战略先导区的对策建议

(一)强化辽西融入京津冀协同发展战略先导区发展政策保障

1. 加强顶层设计与科学规划

从省级层面,制定辽西融入京津冀协同发展战略先导区总体发展规划。以顶层设计形式明确阜新、朝阳、葫芦岛等市与京津冀产业合作重点方向,依据各市比较优势,制定重点合作产业指导目录,形成错位发展的合理布局。同时,进一步制定配套政策、实施方案及指导意见,从招商引资、引进人才、园区建设、创新平台及基地建设、企业融资等方面设计激励扶持政策。从市级层面,各市也应依据实际情况制定发展规划与优惠激励政策,细化措施强化落实,营造支持辽西融入京津冀协同发展战略先导区建设的良好政策环境。

2. 完善区域合作对接机制

一方面,需完善先导区内部常态化对接机制,建议省政府牵头辽西各市组建专项推进小组或领导小组,加强与辽西各市间沟通对接,完善辽西各市市长联席会议制度,构建以市为主的横向交流协商机制和以省直部门为主的纵向协调机制;另一方面,完善与京津冀之间的常态化合作机制,加强与京津冀三地政府、合作领域内的相关部门之间的对接,同时,强化政策制度创新,构建双赢的财税利益分配、科技成果

利益分配等机制。

(二) 推动通道融入对接

1. 强化交通基础设施对接

推动辽西与京津冀交通等部门对接合作,加快跨界道路规划对接,推动陆海空全方位对接京津冀,打造"京津冀经济圈"重要交通枢纽。提升辽西综合立体交通运输通道能力,加快推进高铁、航线、高速公路、水运建设,实施高速公路、国省干线公路网络化工程。

2. 建设京津冀清洁能源输送基地

推动"风光储氢一体化发展",稳步推进光伏基地、风电基地和其他分散式清洁能源供应基地建设,扩大新能源发电装机容量,支持辽西新能源企业与京津冀企业组建新能源产业技术创新联盟。规划建设辽西至京津冀的清洁能源外送通道,推动特高压、智能电网、天然气供气管道等输送基础设施互联互通。

3. 推动数据信息领域互联互通

打通与京津冀地区间的数据信息大通道,实现产业发展、社会治理等多领域数据共享共用。加快辽西数字化基础设施建设及数字技术推广应用,重点面向京津冀地区引育数字产业项目,推动产业数字化、数字产业化,在建设智慧园(景)区、智慧工厂、智慧车间及工业/农业互联网推广等领域开展合作。在环保、交通、旅游等重点领域建设数据信息互联互通示范试点。

(三) 推动产业融入对接

1. 加强传统优势产业对接合作

聚焦现代农业、原材料、装备制造等传统优势产业,加强与京津冀产业合作。在现代农业领域,强化特色农产品加工与流通环节的融入对接,打造京津冀优质农产品供应基地。加强与京津冀农业产业化龙头企业、农产品加工百强企业、农产品/生鲜冷链物流企业的合作,延长精深加工产业链,增强本地制造营养保健食品、饮品等高附加型产品能力,推动辽西地区农产品供应链物流网络融入京津冀。在原材料工业领域,围绕钢铁冶金、化工、金属/非金属材料、建材等行业增强与京津冀高校、科研院所、龙头企业合作,引进节能环保技术与高技术含量项目,促进原材料向精细化新材料转变,提升本地生产汽车、电子信息、航空航天、医疗、新能源等领域专用新材料的能力。在装备制造领域,重点在汽车及零部件制造、智能装备、新能源装备、节能环保装备、航空装备等领域加强与京津冀对接合作,瞄准产业链核心,在高端领域引进先进的科技成果,增强核心零部件及成套装备制造能力,与京津冀院校、新一代信息技术与智能制造领域企业开展合作，加快数字赋能传统装备制造业，推进智能工厂、数字化车间建设。

2. 加强战略性新兴产业对接合作

聚焦新能源、数字经济、电子信息、通用航空等战略性新兴产业，加强与京津冀合作力度。在新能源领域，强化新能源汽车及动力/储能电池、新能源发电（光伏、生物质能、氢能、风电）等项目合作，加快建设供应京津冀清洁能源的输送通道。在数字经济领域，加强产业数字化（智慧工厂、智慧农业、智慧医疗、数字创意）与数字产业化（集成电路、大数据、人工智能产业）等方面的高科技项目合作。在电子信息领域，加强半导体新材料等关键电子材料、新兴电子元器件等项目合作。在通用航空领域，推动阜新邱高山子、朝阳双塔航天、葫芦岛龙湾 CBD 等通用机场建设。依托朝阳机场、阜新市阜蒙县旧庙机场等现有通航机场以及中国民航大学朝阳飞行学院教育资源，在无人机制造、通航零部件生产、通航新材料、通航旅游等领域加强与京津冀合作，建设集飞行训练、通航科教、通航维修、公务机运营、低空旅游等功能于一体的通航产业集聚区。

3. 加强现代服务业对接合作

聚焦现代物流、文化旅游、健康养老等行业，加强与京津冀对接合作。在现代物流领域，抓住京津冀疏解区域性批发市场和物流中心机遇，承接一批现代化物流园、智慧物流设施、农产品冷链物流、物流信息平台建设相关项目。在文化旅游领域，强化与京津冀地区文旅局对接，加快融入京津冀文旅一体化发展联盟等联合体，实现京津冀与辽西旅游资源共享、线路互联、协同推介，在联合开发旅游路线、塑造特色文旅品牌、旅游"一卡通"等领域寻求深度合作。在健康养老领域，引进京津冀优质医疗康养机构，发展医疗康复、旅游康养、康养地产等业态，重点面向京津冀地区吸引康养人群，打造京津冀"候鸟式"休闲康养基地。

4. 加强军民融合产业对接合作

聚焦新材料工业、装备制造业、电子信息、航空、无人机等领域，建设军民两用产业集群，积极与京津冀军工央企建立合作关系，重点发展航空航天、机载、弹载、舰船、雷达、通信等军事装备领域专用芯片、特种集成电路、电子元器件等军工电子信息产品。

5. 加强与京津冀央企对接合作

充分利用央企辽宁行、央企对接会等平台，通过央地会商、省部会商等形式，加大与京津冀央企对接力度。选取辽西重点产业园区与相关央企合作，共建示范产业园区。引导省属大型国有企业、民营龙头企业与京津冀央企对接合作，加速战略性新兴产业发展。

（四）推动市场融入对接

1. 加快融入京津冀农产品销售市场

强化辽西与京津冀农业农村局、商务局等部门对接，扩大农产品保供方面的合作。推进农产品产销对接，与首农集团、新发地市场、大型农产品批发市场、商超、电商平台开展合作，以委托生产、订单农业等形式，建设一批绿色农产品生产供应基地。积极参与农产品产销对接会、农业招商引资推介会，加强辽西特色农产品宣传力度。

2. 推进与京津冀文化旅游市场互联互通

加强与京津冀文旅局、旅行社、旅游联盟合作交流，搭建"京津冀—辽西文旅"合作平台，推动精品旅游线路互联互通，共同建设辽西旅游大环线和京津冀辽现代文旅产业融合发展带。共同培育生态观光、温泉旅游、研学旅游、乡村旅游、康养旅游、文旅体育等业态。合作区域可不限于三市，结合实际线路适当扩大合作范围。

（五）推动平台融入对接

1. 提升产业发展平台综合承载力

加快重点园区道路通、给水通、电通、排水通、热力通、电信通、燃气通及土地平整等基础建设，实现"七通一平"与5G、工业互联网等新型基础设施全覆盖。完善公共服务平台及生活服务配套设施，加强标准厂房等共享服务设施建设。创新开发区体制机制，全面推广"管委会＋公司＋园区"模式，构建灵活的市场化运营体系和开发机制。建立更具吸引力与落地性的招商引资、人才引进、内部激励政策。

2. 推动飞地园区等产业协作平台建设

面向京津冀国家级开发区，吸引其来辽西设立飞地经济产业合作园，通过共建园区、人才交流、产能合作，实现资源互补、双向共赢。完善跨区域利益分享机制，合理设计利益共享期限、财税收入分成比例。支持通过特许经营、政府购买服务等方式委托第三方进行园区运营管理。

3. 加快科技创新合作平台建设

加大与京津冀科技领域合作力度，支持行业龙头企业与京津冀院校、企业建立"实质性产学研联盟"，合作建设产业技术研究院、工程技术研究中心、校企协同研发中心等协同创新机构。通过"揭榜挂帅"攻克产业发展关键技术，通过"带土移植"引进高水平创新团队和人才。推动科技成果转化和知识产权交易服务平台与京津冀技术交易市场对接，引育一批科技金融、科技咨询机构，构建更加完善的科技成果转化平台和服务体系。建设一批高水平中试基地、重点科技创新成果孵化产业园和高校众创空间。

（六）推动人才领域交流合作

1. 柔性引进京津冀科技型人才

面向京津冀两院院士、"千人计划"专家等高端人才，采取跨区域"借智借脑""不为我所有，但为我所用""人才＋项目"柔性人才引进方式，打造京津冀人才集聚高地。实施"带土移植"工程，引进京津冀高科技项目、团队和技术。建设京津冀地区高端人才创新创业示范小镇，吸引战略性新兴产业、高新技术领域人才到辽西创新创业。

2. 加强职业型、技术型人才合作培育

引进京津冀优质职业教育资源，积极探索"股份制、混合所有制"合作办学，围绕现代农业、先进装备制造业、战略性新兴产业、现代服务业发展领域，优化职业教育专业布局。引导和鼓励职业院校与企业建立人才联合培养机制，创新校企共建、共管、共享、共赢的职业实训基地运营模式。

（七）推动生态治理领域合作

1. 加强与京津冀区域生态协同共治

推进京津冀东北部重要生态屏障建设。深入开展国土绿化行动，做好区域性山水林田湖草沙系统治理示范项目，筑牢防风固沙生态安全屏障，提升资源环境承载能力。

2. 推动生态经济领域合作

大力发展节能环保、新能源、生态有机农林业等绿色产业，促进生态型工业、农业发展，打造绿色低碳循环化产业体系。与京津冀合作建设一批循环经济产业园区、固体废弃物综合利用示范基地、生态循环农业基地。

Suggestions on Promoting the Integration of Western Liaoning into Beijing – Tianjin – Hebei Coordinated Development Strategy

Zhang Yi　Fang Ximeng

Abstract：In 2018, General Secretary Xi Jinping stressed at a symposium after his visit to the northeast of China that we must implement the thought on Socialism with Chinese

Characteristics in the New Era and the guiding principles of the 19th NATIONAL Congress of the CPC, further promote the revitalization of northeast China, and implement all the decisions of the CPC Central Committee on the revitalization of northeast China. To comprehensively deepen reform in northeast China, one of the strategies is to connect northeast China with other regions, synergize the revitalization of northeast China with major national development strategies, and create a new pattern of coordinated development. Under this development strategy, Western Liaoning adjacent to the Beijing – Tianjin – Hebei economic circle has become a major breakthrough. In 2020, the Liaoning Provincial Party Committee proposed to build a strategic pilot zone for the integration of Western Liaoning into the Beijing – Tianjin – Hebei coordinated development strategy, take advantage of location to create a new growth pole, and strengthen cooperation with Beijing – Tianjin – Hebei, so as to promote the rapid economic growth of Liaoning and realize the revitalization of Liaoning. This article first summarizes the problems faced by the cooperation between western Liaoning and the Beijing – Tianjin – Hebei region, and then analyzes the integration development experience of northern Anhui into the Yangtze River Delta as a typical case, and then clarifies the strategic focus of each city's integration into the Beijing – Tianjin – Hebei region based on the actual situation of the Western Liaoning region. Finally, it further puts forward the countermeasures and suggestions on the construction of the strategic pilot area of integrating Western Liaoning into the Beijing – Tianjin – Hebei coordinated development strategy.

Key words: revitalization of the northeast China　Western Liaoning　Beijing – Tianjin – Hebei Region　coordinated development

企业社会责任对财务绩效、环境绩效的影响研究*

陈俊龙　张瑞涵**

摘　要：企业社会责任作为企业重要的战略选择，在高质量发展的时代背景下，是增强企业竞争力，保护生态环境，实现利益相关者共享共赢的重要手段，有必要深入剖析企业社会责任对财务绩效和环境绩效的影响。基于此，本文选取2011~2018年沪深 A 股86 家上市公司数据作为样本，旨在探究企业社会责任对企财务绩效、环境绩效的影响。得到结论认为，企业社会责任的履行有助于提高财务绩效；企业社会责任与环境绩效正相关但不显著。

关键词：企业社会责任　财务绩效　环境绩效

一、引　言

企业社会责任（Corporate Social Responsibility，CSR）这一概念最早由美国学者谢尔顿提出，是指企业在追求利润最大化目标的同时，也要承担对消费者、社区和环境等其他利益相关者的责任，理清企业社会责任的功能对于企业和政府做出正确合理的决策具有重要意义。随着社会经济的不断发展，特别是在高质量发展的时代背景下，企业社会责任得到学界及实践界越来越多的关注，被认为是兼顾利益相关者、解决环境污染、提高社会福利的有效途径。基于此，本文利用我国排污费制度及相关数

 * 基金项目：国家社科基金后期资助一般项目"企业社会责任的效应与治理研究"（编号：20FJYB066）。

**　作者简介：陈俊龙（1984~），男，山东泰安人，东北大学文法学院、东北大学秦皇岛分校经济学院教授，经济学博士，研究方向：公共政策。张瑞涵（1999~），女，山东滨州人，武汉大学法学院研究生，研究方向：公共政策。

据，以沪深 A 股 2011～2018 年相关数据作为样本，着重探讨了企业社会责任对于企业财务绩效、环境绩效的影响，进而为企业优化企业社会责任决策，增强企业竞争力，进而为政府制定因地制宜的激励政策提供有价值的指引。

国内外学界关于企业社会责任的研究非常丰富，但尚未形成统一观点。关于企业社会责任对财务绩效的影响，大概分为两者呈现负相关、正相关、不相关及其他相关关系四种。传统观点认为两者之间存在负相关关系，原因在于企业的经营目标为利润最大化，企业积极履行社会责任时会产生额外的成本进而影响利润，如 Makni 等[1]以企业社会绩效（CSP）来度量企业社会责任，针对加拿大 2004～2005 年 176 家上市公司企业社会绩效和财务绩效的研究发现，由于在加拿大进行环保投资的成本过高，而导致财务绩效、企业社会责任呈现负相关关系。以波特为代表的修正学派则认为，企业积极履行社会责任，会通过提高企业声誉、进行生产技术革新等方式提高企业财务绩效，即两者之间存在正相关关系，这也是国内外多数学者的观点。Mishra 和 Suar[2]以印度 150 家上市公司为样本展开研究，发现企业社会责任的履行会促进企业环境绩效，最终环境绩效会影响财务绩效，从而呈现企业社会责任与环境绩效、企业社会责任与财务绩效正相关的情况。Lau 等[3]以韩国制造业数据为样本，探讨了四种制度（法律执行、监管不确定性、市场动荡和竞争强度）背景下企业社会责任对财务绩效的影响，发现无论在何种背景下，企业社会责任的履行都会提高企业声誉，企业也因此而获益。Dai 等[4]以中国沪深 A 股上市公司为样本，以股票价值代替企业价值，探索企业社会责任对股票价值的影响，并最终发现两者正相关，且媒体对该企业社会责任的宣传可以促进这种相关。Zhang 等[5]以企业研发的绿色专利数量作为企业社会责任的代理变量，以 2000～2010 年中国制造业数据为样本，得到结论认为企业研发的绿色专利数量和企业社会责任呈现显著正相关关系。沈洪涛等[6]的研究表明，企业社会责任可以提高商誉进而影响财务绩效，并且这种关系会因企业积极披露社会责任数据、相关年报而增强。此外，有学者认为受两种因素的影响，两者之间可能存在不相关、倒"U"型或跨期相关等其他相关关系。Mahoney 和 Roberts[7]以加拿大企业为样本展开研究，在充分考虑行业、企业异质性后，认为企业社会责任与财务绩效、环境绩效两者不存在显著关系。Saorin 等[8]为了检验企业社会责任对于企业效率的影响，将企业社会责任分为多维度，并最终发现环境维度与企业的低效正相关，而社会和公司治理维度与企业的绩效负相关，即企业对于环境绩效的关注会降低企业效率。对于企业财务绩效和社会责任的关系，许多学者从企业社会责任对企业商誉、声誉及品牌价值的影响方面展开论述。李正[9]从企业价值的角度探索了企业社会责任与企业价值的关系，认为在短期内企业承担的责任和企业价值负相关，但在长期内则会出现相反的结果。李圆圆等[10]认为技术创新对品牌价值的影响受到企业社会责任的影响，并随着企业社会责任的升高呈现先正后负的倒 U 型门槛效应。张兆国等[11]研究财务绩效与企业社会责任的关系，发现两者存在跨期影响，滞后一期的企业社会责任会影响当期财务绩效，当期财务绩效可以影响当期企业社会责任，两者存在跨期双向相关关系。

相较企业社会责任和财务绩效的研究，企业社会责任与环境绩效关系的研究相对较少，多数学者认为企业履行社会责任势必会造成环境绩效的提升，原因在于在人们传统的观念中，企业积极承担社会责任则意味着会增加环保投入，积极主动改善自身环境绩效。但是，也有研究表明企业社会责任未必会提升环境绩效。Parra 等[12]利用 2006 ~ 2013 年 31 个国家的空气污染状况的面板数据，发现企业积极履行社会责任可以通过进行环保技术的不断革新，从而减少空气污染。Song 和 Yu[13]针对中国广东省企业展开问卷调查，以企业是否具有绿色战略、清洁能源使用状况、污染物减排状况等问题来度量企业社会责任、绿色创新水平，得到结论认为企业社会责任的履行有利于促进企业进行绿色技术革新，进而提高环境绩效。胡曲应[14]基于资源的优化配置视角，得到结论认为企业只有实施积极的环境管理预防措施才能实现财务绩效和环境绩效的双赢。许慧和张悦[15]基于生命周期视角，得到结论认为无论处于何种生命周期，环境绩效的提升都会促进财务绩效，且在成熟期这种效应更为明显。尹建华等[16]针对煤炭、化工等重污染行业展开研究，认为企业追求环境绩效势必会降低财务绩效。

通过梳理现有文献，可以发现：第一，关于企业社会责任对环境绩效的影响，国外研究较多且多是基于国外数据，对我国的借鉴价值有限。第二，有研究常常将"企业履行社会责任""企业提高环境绩效""企业进行环保方面的努力"相混淆。但实际上，企业社会责任是个多维度的概念，环保维度仅仅是企业社会责任众多维度之一，当企业将更多的资金、精力用于其他维度责任提升时，企业并不一定会进行绿色环保活动、提高其环境绩效。第三，部分实证研究也多停留在 OLS 混合效应回归、格兰杰因果检验层面，且未充分检验其时间效应、区分个体的异质性。本文则主要针对以上不足进行弥补。

二、研究假设与研究设计

（一）研究假设

传统观点认为，在企业将利润最大化作为自身的唯一发展目标时，企业履行社会责任势必会增加其成本，从而影响财务绩效。但在现实生活中，企业社会责任与财务绩效的关系往往更为复杂：首先，虽然在"理性人"假说下，企业目标是利润最大化，但在现实经济社会中可能会出现超越利润最大化的盈利目标，如我国国有企业还具有稳定社会、解决就业问题的作用，远远超越了追求利润的范畴；其次，现代社会的商誉、声誉成了企业背后的"隐形财富"，企业社会责任的承担虽然会增加成本，但也可以在无形之中提高企业的声誉、商誉；最后，企业积极承担社会责任时虽增加了成本，但会激励企业进行技术革新、生产力提高，可能会提高企业的生产效率从而提高财务绩效。

对于企业社会责任和环境绩效的关系，人们普遍认为，为承担社会责任的企业一定会将更多的精力用于环保，从而环境绩效较高。但企业社会责任是一个多维度的概念，环境责任仅仅是其中的一个维度，虽然企业履行社会责任会促进企业改善环境绩效，但还受到企业当前环境绩效及环保投资成本影响。当企业初始环境绩效较好、环保投资成本较小时，企业履行社会责任有利于提高企业环境绩效；当企业初始环境绩效较差、环保投资成本较大时，企业出于对利润的考虑，可能会放弃对环境责任的追求。

据此，我们提出以下两条假说：

H1：企业社会责任与财务绩效存在因果关系，且两者正相关；

H2：企业社会责任与环境绩效的关系不确定。

（二）研究设计

1. 代理变量的选取

通过梳理国内外现有文献，可以发现财务数据的来源较为广泛。在早期的研究中，以 Lee 和 Douglas[17]、Ahmed 和 Roush[18]、Wagner[19]为代表的学者们多以总资产收益率（ROA）、净资产收益率（ROE）、资本回报率（ROIC）等指标作为财务绩效的代理变量。因以上数据有较为广泛的数据来源，这些代理变量仍旧被多数学者沿用，这些代理变量大概被分为两类：其中一类为基于市场视角，选取如托宾 Q 值（Tobin's Q）、股票报酬率、股票市场价值等指标衡量；另一类基于会计指标，选取如总资产收益率（ROA）、净资产收益率（ROE）、销售利润率（ROS）、每股盈余（EPS）等指标衡量。在本研究中，选取托宾 Q 值和总资产收益率作为财务绩效的代理变量。

基于数据的可得性，国内外学者对环境变量代理变量的选取有所不同。西方发达国家污染信息披露较为充分，如美国有毒物质排放清单（TRI）[20]。而我国存在公司披露数据缺乏、口径不一致等问题，尚未形成统一健全完善的数据库，部分学者选取代理变量主要有公司是否披露环境信息、是否具有环保认证。胡应曲[14]、张长江等[21]将单位营业收入排污费及年度数据变动作为环境绩效的代理变量。其中，排污费的高低是根据企业污染物排放的数量、危害程度等因素计算得到的。排污费越高，则说明企业排放的污染物较多、危害性较大，为周围环境带来了较大的破坏，说明企业的环境绩效越差；排污费越低，则说明企业的环境绩效越好。排污费的年度数据变动，代表企业的环境绩效改善情况，本年单位营业收入排污费较上年减小，则说明本年度企业采取一系列的措施从而实现了环境绩效的改善；本年单位营业收入排污费较上年有所增长，则说明环境进一步恶化。本文选取上市公司年报中公布的排污费数据，将单位营业收入排污费作为代理变量。

关于企业社会责任代理变量的选取，主要有问卷调查、采用第三方机构的评分、利用企业声誉数据代理企业社会责任等几种方法。如衣凤鹏和徐二明[22]、张雪和韦鸿[23]选取了润灵公益事业咨询公司生成的企业社会责任评级分数数据库，张扬[24]选取世界品牌实验室《中国500最具价值品牌》数据用以衡量企业社会责任，郭倩倩和胡兵[25]选取和讯网公布的企业社会责任数据。本部分研究也将选取和讯网数据。

除了以上主要变量外，本文结合已有研究，选举了部分控制变量，主要包含以下三类：第一类为上市公司经营情况指标，包括资产总计、资产负债率、资产周转效率及经营效率四个指标。一般认为，公司经验状况越好、规模越大，意味着经营绩效越好。第二类为公司管理水平、公司属性方面指标，主要包括公司实际控制人持股比率、所属是否为工业行业、企业年龄、是否国有。一般认为，实际控制人持股比例越高意味着企业的管理水平越高；相比于非国有企业，国有企业会承担更多的企业社会责任；企业环境、财务绩效和企业社会责任受到行业不同影响，工业行业污染水平较高、环境绩效通常较差。第三类为企业所属地区是否为发达地区，通常发达地区企业财务绩效较好、对社会责任的重视程度较高，且政府对于环境绩效的监管也更为严苛。本文全部变量如表1所示。

表1		实证变量及说明
项目	变量	变量说明
核心变量	FP	财务绩效，用托宾 Q 值表示，该值越高，公司财务价值越高。托宾 Q 值 = 市场价值/期末总资产，其中市场价值由股权市值和净债务市值组成，如存在非流通股权市场价值则用净资产代替
	EP	环境绩效，用（年报披露排污费/公司当年营业收入）×1000 表示，该值越高，则说明企业环境绩效越差，反之则越好
	CSR	企业社会责任，由和讯网给出百分制分数，评分越高说明公司对于社会责任的履行程度越高

项目	变量	变量说明
控制变量	SIZE	公司规模，用本年末资产的自然对数表示
	LEV	资产负债率，用来衡量公司财务杠杆，资产负债率 =（母公司）负债总额/（母公司）资产总额
	CAPI	资产周转率，用于衡量资本强度，资产周转率 = 本期主营业务收入/[（期初占用资金 + 期末占用资金）/2]
	CE	营业成本率，用来衡量公司经验效率，营业成本率 = 营业成本、营业收入
	Growth	营业收入增长率 =（本年营业收入 - 上年营业收入）/上年营业收入
	Control	公司实际控制人持股比例
	Industry	所属行业，公司所属为工业行业 =1，其他行业 =0
	State	公式是否国有，国有 =1，其他 =0
	Age	公司年龄，年龄 = 当前年份 - 公司成立年份

2. 数据来源及样本选择

本文研究对象为沪深 A 股上市公司 2011～2018 年数据。研究选取单位营业收入排污费作为环境绩效代理变量，其中，排污费数据来自沪深 A 股上市公司披露年报；将托宾 Q 值作为财务绩效代理变量，该部分数据来自国泰安（CSMAR）数据库；企业社会责任数据来自和讯网企业社会责任综合评分。其他相关财务变量、控制变量均来自国泰安数据库。

对数据进行了初步筛选：（1）以 2010～2020 年年报数据为基准，出于对样本容量的考虑，选取 2011～2018 年披露排污费信息完整的数据，剔除与排污费合并填报、与环保无关的数据，共得到 105 家企业排污数据。（2）剔除 8 年间托宾 Q 值、社会责任评分及其他变量缺失的样本。（3）剔除 ST、*ST 等经营状态异常的上市公司。（4）剔除金融行业、保险行业样本。（5）剔除异常值。经过以上筛选，符合条件的上市公司共 86 家，合计共 688 个研究样本。

3. 模型设计

学界对公司财务绩效、环境绩效及企业社会责任三方关系的探讨不多，但关于公司财务绩效与环境绩效的探讨不在少数。多数学者，如胡应曲[14]、张长江等[21]、唐久芳等[26]采用混合截面数据回归的方法，探讨了环境绩效与财务绩效的相关关系，但由于数据较少，存在难以区分不同个体之间异质性的问题。因此，本文采取面板数据回归的方式，通过选择固定效应模型，可以更为准确地测量不同个体之间的差异，并可以处理部分内生性问题。为保障面板的平稳性，首先进行面板平稳性检验。由于本研究中面板为短面板（N = 86，T = 8）且年份不长，因此采取 HT 检验的方法。经过单位根检验可知，除了排污费之外（p 值为 0.9998），其余变量均通过平稳性检验（p 值均小于 0.01），其中企业社会责任、托宾 Q 值的 p 值均为 0.000。针对排污费不平稳这一现象，对所有变量取一阶差分，再次进行平稳性检验，此时，所有变量一阶差分检验的 p 值均为 0.000，通过了平稳性检验。因此，对于单位排污费数据需要进行一阶差分。

为分析企业社会责任对于财务绩效的影响，建立模型一：

$$FP = \beta_0 + \beta_1 CSR + \beta_i X_i + \mu_1$$

其中，FP 表示公司财务绩效，CSR 表示企业社会责任，X_i 表示控制变量。

为分析企业社会责任对环境绩效的影响，我们建立模型二：

$$\Delta EP = \beta_0 + \beta_1 \Delta CSR + \beta_i X_i + \mu_2$$

其中，EP 表示公司财务绩效，CSR 表示企业社会责任，X_i 表示控制变量。

文中所有的数据处理及检验均在 STATA/SE15.1 和 EXCEL 中完成。

三、实证检验结果与分析

（一）描述性统计

模型所涉及的所有变量的描述性统计结果如表 2 所示。由表 2 可知，样本中所有公司托宾 Q 值的均值为 1.677；企业社会责任评分均值为 24.94；单位营业收入排污费最高值为 43.9，最小值接近 0，均值为 1.889226。另外，在所有样本中，行业性质为工业的样本 624 个，占比 90.7%；国有企业样本 424 个，占比 61.63%；属于发达地区的样本 296 个，占比 43.02%。

表 2 所有变量描述性统计

变量名	个数	均值	方差	最小值	最大值
FP	688	1.677	0.958	0.770	9.200
CSR	688	24.94	19.29	9.540	85.55
EP	688	1.889226	3.42189	0.0003877	43.89185
SIZE	688	22.82	1.189	20.08	26.32
LEV	688	0.429	0.224	0.0100	2.290
CE	688	1.403	0.685	0.670	8

续表

变量名	个数	均值	方差	最小值	最大值
CAPI	688	0.736	0.499	0.140	3.620
Growth	688	0.2910756	2.499274	-0.7	50.3
Industry	688	0.907	0.291	0	1
State	688	0.616	0.487	0	1
Area	688	0.430	0.495	0	1
Age	688	17.58	4.748	3	32
Control	688	36.57	18.27	0	77.60

(二) 实证检验

针对模型一、模型二进行实证检验。如表3所示，前两列未加入任何控制变量，后两列逐步加入控制变量；（1）列、（3）列中未加入时间和个体固定效应，（2）列、（4）列通过生成虚拟变量的方式加入时间和个体虚拟变量。在（2）列、（4）列固定效应回归结果中，无论是否加入控制变量，财务绩效都与企业社会责任呈正相关关系，且在1%的水平下呈显著正相关关系。同时注意到其他控制变量，可以发现企业规模和公司财务绩效显著负相关；仅控制时间效应和个体固定效应时，资产负债率、资产周转率与公司财务绩效显著正相关。

表3 模型一回归结果

变量	(1) FP	(2) FP	(3) FP	(4) FP
CSR	0.003 * (0.002)	0.007 *** (0.002)	0.004 ** (0.002)	0.007 *** (0.002)
SIZE			-0.386 *** (0.046)	-0.324 *** (0.118)
LEV			0.246 (0.194)	0.938 *** (0.312)
CE			0.255 *** (0.065)	0.196 (0.164)
CAPI			0.042 (0.091)	0.316 * (0.176)

续表

变量	(1) FP	(2) FP	(3) FP	(4) FP
Industry			-0.080 (0.182)	$-$ (.)
State			0.030 (0.118)	$-$ (.)
Area			-0.016 (0.109)	$-$ (.)
Age			0.021 ** (0.009)	0.003 (0.025)
Control			0.004 (0.003)	$-$ (.)
_cons	1.597 *** (0.086)	1.471 *** (0.099)	9.427 *** (0.995)	7.767 *** (2.486)
时间效应	不固定	固定	不固定	固定
个体效应	不固定	固定	不固定	固定
观测值个数	688.000	688.000	688.000	688.000
调整的 R^2	0.007	0.010	0.039	0.153

注：＊表示在10%水平上显著，＊＊表示在5%水平上显著，＊＊＊表示在1%水平上显著。

可见，假设 H1 得以通过。这一结果和许多文献是相一致的。虽然企业履行社会责任在短期内一定程度上会偏离利润最大化的目标，但从长期看，企业社会责任的履行会在无形之中提升公司的商誉、声誉，有利于企业提升自身形象、打开潜在市场；企业社会责任的履行和政府提高社会责任的目标契合，因此，可能会受到一定程度的税收减免、扶持等优惠政策也有利于提升企业的财务绩效。

考察模型二的实证结果，针对所有连续变量进行了一阶差分，一阶差分结果通过了平稳性检验。模型二描述性统计结果如表 4 所示。

表 4 第二组变量描述性统计结果

变量	个数	平均值	方差	最小值	最大值
ΔFP	602	-0.0385	0.8010	-6.5200	5.2900
ΔEP	602	-0.0234	1.4510	-10.2600	10.5000
ΔCSR	602	-1.8070	17.3800	-55.7600	55.6500

变量	个数	平均值	方差	最小值	最大值
ΔSIZE	602	0.0812	0.2120	−1.3880	1.6950
ΔLEV	602	−0.0007	0.1130	−0.4500	1.9400
ΔCE	602	0.0088	0.2450	−2.3400	2.9300
ΔGrowth	602	−0.1729	2.7679	−50.3200	3.6200
ΔCAPI	602	−0.0101	0.1790	−0.7900	1.2400

对模型二进行实证检验，结果如表 5 所示：无论是否加入控制变量、是否固定时间和个体固定效应，企业的环境绩效的增量和企业社会责任的提高成正相关关系（ΔEP 为单位营业收入排污费的增量，增量大于零则意味着环境绩效的恶化，反之代表环境绩效的改善），但不显著。这一点和之前的假设 H2 相一致。可能的原因在于，企业社会责任由多个维度组成，除了环境责任外，还包括其他四个维度。企业在进行决策时，往往要综合考量几方面因素，当环保带来的边际收益小于边际成本时，企业可能会选择将更多的时间用于其他几个维度的提升，因此两者之间的关系可能并不显著。

表 5 模型二回归结果

变量	(1) ΔEP	(2) ΔEP	(3) ΔEP	(4) ΔEP
ΔCSR	−0.005 (0.003)	−0.006* (0.004)	−0.003 (0.003)	−0.003 (0.004)
ΔSIZE			−0.427 (0.291)	−0.418 (0.315)
ΔLEV			−0.994*** (0.332)	−0.920*** (0.353)
ΔLEV			0.621 (0.545)	0.799 (0.582)
ΔCE			−0.281 (0.246)	−0.471* (0.279)
Industry			0.134 (0.224)	0.000 (.)
State			−0.086 (0.138)	0.000 (.)

续表

变量	(1) ΔEP	(2) ΔEP	(3) ΔEP	(4) ΔEP
Area			0.088 (0.131)	0.000 (.)
Age			−0.025* (0.014)	−0.199 (0.221)
Control			−0.003 (0.004)	0.000 (.)
_cons	−0.032 (0.063)		0.461 (0.387)	3.869 (4.565)
时间效应	不固定	固定	不固定	固定
个体效应	不固定	固定	不固定	固定
个数	602	602	602	602
调整的 R^2	0.025	0.025	0.048	0.058

注：*表示在10%水平上显著，**表示在5%水平上显著，***表示在1%水平上显著。

(三) 稳健性检验

上述实证检验结果表明：(1) 企业社会责任和财务绩效显著正相关；(2) 企业社会责任和环境绩效存在正相关关系，但在 10% 的显著性水平下并不显著。为验证结论的正确性和普适性、确保研究结论的稳健性，进行稳健性检验。

常见的稳健性检验方法包括变量替换法、改变样本容量法、分样本回归法、补充变量法等，其中最为常用的办法为替代变量法，即寻找原变量其他的测量方法或者寻找与原变量有近似意义的变量来代替原有变量。变量替换法主要包括替换因变量、替换主要变量等。本研究采用替换因变量的方式进行研究，即寻找和托宾 Q 值相似的财务绩效指标。

在这里，本文选择用 ROA 数据代替原有托宾 Q 值。首先，针对财务绩效和企业社会责任关系展开稳健性检验，回归结果如表 6 所示。在稳健性检验中，继续选取了固定效应模型，检验后发现固定效应模型的 F 统计量的概率为 0.000，说明符合固定效应模型。同时，查看稳健性检验的回归系数可知，财务绩效和社会责任均在 1% 显著性水平上呈正相关，与加入控制变量无关，和模型一结果一致，假说通过了稳健性检验。

表 6 稳健性检验回归结果

变量	(1) EP′	(2) EP′
CSR	0.002 *** (0.000)	0.001 *** (0.000)
LEV		− 0.313 ** (0.129)
CE		0.091 *** (0.018)
CAPI		0.037 (0.024)
Industry		0.000 (.)
State		0.000 (.)
Area		0.000 (.)
Age		− 0.000 (0.002)
Control		0.000 (.)
SIZE		− 0.007 (0.012)
_cons	− 0.000 (0.010)	0.165 (0.272)
时间固定效应	固定	固定
个体固定效应	固定	固定
个数	688	688
调整的 R^2	0.140	0.574

注：* 表示在 10% 水平上显著，** 表示在 5% 水平上显著，*** 表示在 1% 水平上显著。

四、结　　论

本文通过采用 2011～2018 年沪深 A 股上市公司数据，探究了企业社会责任对财务绩效和环境绩效的影响。结果表明：（1）企业社会责任和财务绩效显著正相关，企业社会责任的提升有助于提高企业财务绩效；（2）企业社会责任和环境绩效正相关但不显著。可能的原因在于企业履行社会责任、提升环境绩效时需综合考虑多方因素，企业环境绩效除了受到企业社会责任的影响外，还受到初始环境绩效、环保投资成本等多方面因素影响，当环境治理的边际成本大于边际收益时，企业很有可能放弃环境这一维度，转而关注其他维度，从而导致企业社会责任和环境绩效不相关。

该结论对促进中国企业社会责任高质量发展具有一定启示作用。首先，企业社会责任的履行有助于提高企业财务绩效，我国企业应当积极高度重视企业社会责任建设，借鉴国际上企业社会责任的标杆企业，将社会责任建设自觉融入中长期的发展规划。其次，当企业社会责任水平较高时，可能将时间、财力、精力分散用于多个维度，但并不代表会用于某一维度绩效的改变，如因污染治理的边际成本较高，重污染行业不一定会在环保上加大投入。为此，政府也应该适时调整工作思路，根据企业性质、地区特点等合理界定社会责任界限，对不同企业采取因地制宜的激励措施。

参 考 文 献

［1］MAKNI R，FRANCOEUR C，FRANÇOIS B. Causality Between Corporate Social Performance and Financial Performance：Evidence from Canadian Firms ［J］. *Journal of Business Ethics*，2009，89（3）：409 － 422.

［2］MISHRA S，SUAR D. Salience and corporate responsibility towards natural environment and financial performance of Indian manufacturing firms ［J］. *Journal of Global Responsibility*，2004，4（1）：581 － 594.

［3］LAU A，LEE S，JUNG S. The Role of the Institutional Environment in the Relationship between CSR and Operational Performance：An Empirical Study in Korean Manufacturing Industries ［J］. *Sustainability*，2018，10（3）：834.

［4］DAI J，LU C，YANG Y，et al. Is the Social Responsibility Information Disclosed by the Companies really Valuable? —Evidence from Chinese Stock Price Synchronicity ［J］. *Sustainability*，2018，10（10）：3578.

［5］ZHANG D，RONG Z，QIANG J，et al. Green innovation and firm performance：Evidence from listed companies in China ［J］. *Resources Conservation & Recycling*，2019，144：48 － 55.

［6］沈洪涛、王立彦、万拓：《社会责任报告及鉴证能否传递有效信号？——基于企业声誉理论的分析》，载《审计研究》2011 年第 4 期，第 87 ~ 93 页。

［7］ MAHONEY L， ROBERTS R. Corporate Social Performance， Financial Performance and Institutional Ownership in Canadian Firms ［J］. *Accounting Forum*， 2007， 31 （3）： 233 – 253.

［8］ SAORIN E G， KAPELKO M， SPIRO E S. Corporate Social Responsibility and Operational Inefficiency： A Dynamic Approach ［J］. *Sustainability*， 2018， 10 （7）： 2277.

［9］ 李正：《企业社会责任与企业价值的相关性研究——来自沪市上市公司的经验证据》，载《中国工业经济》2006 年第 2 期，第 77 ~ 83 页。

［10］ 李园园、刘建华、段坤，等：《企业社会责任、技术创新与品牌价值的门槛效应研究》，载《软科学》2020 年第 6 期，第 1 ~ 7 页。

［11］ 张兆国、靳小翠、李庚秦：《企业社会责任与财务绩效之间交互跨期影响实证研究》，载《会计研究》2013 年第 8 期，第 32 ~ 39、96 页。

［12］ PARRA B J， DANIEL A， MARTíNEZ D A， et al. The influence of corporate social responsibility on air pollution： Analysis of environmental regulation and eco-innovation effects ［J］. *Corporate Social Responsibility & Environmental Management*， 2018， 25 （6）： 1363 – 1375.

［13］ SONG W， YU H. Green Innovation Strategy and Green Innovation： The Roles of Green Creativity and Green Organizational Identity ［J］. *Corporate Social Responsibility and Environmental Management*， 2017， 25： 135 – 150.

［14］ 胡曲应：《上市公司环境绩效与财务绩效的相关性研究》，载《中国人口·资源与环境》2012 年第 6 期，第 23 ~ 32 页。

［15］ 许慧、张悦：《企业环境绩效对财务绩效的互动性检验——基于生命周期视角》，载《财会通讯》2020 年第 17 期，第 75 ~ 78 页。

［16］ 尹建华、王森、弓丽栋：《重污染企业环境绩效与财务绩效关系研究：企业特征与环境信息披露的联合调节效应》，载《科研管理》2020 年第 5 期，第 202 ~ 212 页。

［17］ LEE E， DOUGLAS P. The Corporate Social – Financial Performance Relationship ［J］. *Journal of Business Ethics*， 1997， 36 （4）： 419 – 429.

［18］ AHMED K， ROUSH M. The Effect of Board Changes on Writedowns of Non – Current Assets： evidence from New Zealand ［J］. *Corporate Governance： An International Review*， 2002， 10 （4）： 278 – 287.

［19］ WAGNER M. Corporate Social Performance and Innovation with High Social Benefits： A Quantitative Analysis ［J］. *Journal of Business Ethics*， 2002， 94 （4）： 581 – 594.

[20] SCHALTEGGER S, SYNNESTVEDT T. The Link between 'Green' and Economic Success: Environmental Management as the Crucial Trigger between Environmental and Economic Performance [J]. *Journal of Environmental Management*, 2002, (65): 339 – 346.

[21] 张长江、温作民、徐晴:《重污染行业上市公司环境绩效与财务绩效互动关系实证研究》,载《生态经济》2016 年第 11 期,第 20~26 页。

[22] 衣凤鹏、徐二明:《高管政治关联与企业社会责任——基于中国上市公司的实证分析》,载《经济与管理研究》2014 年第 5 期,第 5~13 页。

[23] 张雪、韦鸿:《企业社会责任、技术创新与企业绩效》,载《统计与决策》2021 年第 5 期,第 157~161 页。

[24] 张扬:《企业社会责任、创新投入与品牌价值提升的门槛效应分析》,载《商业经济研究》2021 年第 4 期,第 86~89 页。

[25] 郭倩倩、胡兵:《企业社会绩效、营销能力与企业财务绩效——基于 2010 – 2014 年中国上市公司的经验证据》,载《华东经济管理》2016 年第 5 期,第 179~184 页。

[26] 唐久芳、李鹏飞、林晓华:《社会责任报告与环境绩效信息披露的实证研究——来自中国证券市场化工行业的经验数据》,载《宏观经济研究》2012 年第 1 期,第 67~72 页。

Research on the Impact of Corporate Social Responsibility on Financial Performance and Environmental Performance

Chen Junlong   Zhang Ruihan

Abstract: As an important strategic choice for enterprises, under the background of high-quality development, corporate social responsibility is an important means to enhance corporate competitiveness, protect the ecological environment, and achieve a win-win situation for stakeholders. It is necessary to deeply analyze the impact of corporate social responsibility on financial performance. And environmental performance. This paper selects the data of 86 A – share listed companies in Shanghai and Shenzhen Stock Exchange from 2011 to 2018 as samples, aiming to explore the influence mechanism of corporate social responsibility on corporate financial performance and environmental performance. The final conclusion is that, first, the fulfillment of corporate social responsibility helps to improve financial performance. Second, corporate social responsibility is positively correlated with environmental performance, but not significantly.

Key words: Corporate social responsibility   Financial performance   Environmental performance

人力资本实现环境质量与经济增长关系研究

白云飞[*]

摘　要： 人力资本潜能的发挥离不开人力资本实现环境，但针对人力资本实现环境的相关研究，尤其是其质量与经济增长的关系一直被学术界忽视。本文分析了人力资本实现环境对人力资本潜能发挥，以及经济增长的重要性，将其分为微观环境和宏观环境两部分；构建了反映人力资本实现环境质量与经济增长关系的模型。实证结果证明：人力资本实现环境的质量是保证人力资本带动经济增长的关键性外部条件，并决定着人力资本潜能发挥的效率。研究发现，我国的人力资本微观环境质量较好，其与人力资本水平对经济增长都起到积极作用。而人力资本宏观环境质量有待提高，只有在东部和中部地区对经济增长起到积极作用，在全国整体、东北和西部地区对经济增长的促进作用并不显著。

关键词： 人力资本实现环境　质量　经济增长

中图分类号： F061.2　**文献标识码：** A

一、引　　言

新增长理论的一个重大学术创新在于重新诠释了新古典增长模型中的劳动力生产要素，即将人力资本投资纳入劳动力要素中去，认为涵盖了劳动力教育水平、劳动技能水平和劳动力组织水平等因素的人力资本水平具有规模报酬递增的性质。基于这一观点，新增长理论普遍认为，较高的人力资本水平一定会带来较快的经济增长。例如，罗默（Romer，1990）认为：经济增长率随着人力资本规模增加而增加，扩大人

* 作者简介：白云飞（1977～），河南温县人，辽宁大学经济学院讲师，经济学博士，研究方向：经济统计学。

力资本存量将有利于经济实现快速增长。

但是，学术界对于人力资本实现作用的机制还存在认识误区，认为只要提高人力资本积累，有着相对较高的人力资本存量就必然会推动经济的高速增长，普遍忽视了人力资本潜能的实现环境（简称"人力资本实现环境"）的重要价值。事实上，较高的人力资本积累水平只是经济保持高速增长的充分条件而非必要条件。较高的人力资本存量水平必须在适宜的环境中才能起到促进经济快速增长的作用，否则，高水平的人力资本存量和较高的人力资本投入都无法真正发挥其潜能，造成严重的人力资本浪费。此外，部分学者注意到了人力资本实现环境对于经济增长的决定性作用，并试图从多个角度解释人力资本实现环境作用经济增长的内在机理，如从社会文化方面、劳动力市场扭曲方面、政策方面等方面寻找原因。但其结论总是过于片面，缺乏从全局的角度说明人力资本实现环境对于经济增长的作用机制。

本文认为，这些学者的研究角度只是人力资本实现环境的一个方面，并不是高水平的人力资本存量未能带来经济高速增长的本质原因。要彻底解释这一现象，必须从人力资本实现环境的质量这一角度来进行分析，以找出原因。有鉴于此，本文聚焦人力资本实现环境的质量，探讨依靠创新驱动经济快速增长的人力资本基础。本文认为，人力资本实现环境的质量是保证人力资本发挥积极作用、促进经济增长的关键性外部条件，并决定着人力资本潜能发挥的效率。为验证这一理论，本文构建了反映人力资本水平、人力资本实现环境质量与经济增长关系的模型。以人力资本发挥效率与人力资本实现环境质量的关系为切入点，研究人力资本水平在不同的实现环境中，对经济增长的作用差异，分析近年来我国各地区人力资本实现环境的质量情况，及其对经济增长的影响。研究发现，我国的人力资本微观环境质量较好，其与人力资本水平均对经济增长起到积极作用。而人力资本宏观环境质量有待提高，只有在东部和中部地区对经济增长起到积极作用，在全国整体、东北和西部地区对经济增长的作用并不显著。

本文的创新点在于以下三个方面：第一，指出传统人力资本理论的不足，即只注重人力资本的积累，忽视其实现环境的作用；第二，指出人力资本实现环境质量在人力资本促进经济增长过程中的关键性作用，拓宽了人力资本与经济增长关系的研究视角；第三，对近年来我国人力资本实现环境质量对经济增长的作用进行了测算。本文剩余部分的安排如下：第二部分为相关研究及模型设定，第三部分是实证分析，第四部分是结论及政策建议。

二、文献综述、模型设定及数据

（一）文献综述

尽管部分学者仍然对人力资本实现环境的作用缺乏足够的认识，认为只要有足够的人力资本积累就一定会带来高速的经济增长。但随着我国经济市场化进程的深入，越来越多的学者注意到地区间高人力资本积累水平与经济增长速度不匹配的现象，并开始探究其原因。如宁熙等（2005）发现人力资本水平远高于浙江的陕西，在改革开放以来的经济增长速度却远落后于浙江，并将其命名为"浙江—陕西经济增长之谜"。显然，该现象是传统人力资本理论无法解释的。对于产生该现象的原因，宁熙等（2005）从制度角度出发，将其归因于人力资本产权的缺失。白云飞、马树才（2017）从宁熙等（2005）的观点出发，提出地区间的人力资本产权缺失程度不同，导致了各地人力资本对经济增长促进作用的差异，并进行了实证检验，证实了人力资本产权效应的存在。王士红（2017）认为，高人力资本积累只有在适宜的社会制度下才能发挥作用。他以西班牙、塞浦路斯为例，指出这些国家的人力资本积累很高，但是失业率已经超过临界点，经济发展经常停滞甚至衰退，这显然不能用传统的人力资本理论加以解释，唯一可行的解释是：人力资本的作用受外部环境制约。

对于人力资本实现环境质量与经济增长的关系，学术界的研究角度主要集中在社会文化环境、要素市场环境和制度环境三方面。李娟伟等（2016）通过研究省级面板数据，认为传统文化中的儒教伦理文化资本和商业精神文化资本可以通过人力资本、组织效率以及市场效率等途径，成为促进中国经济增长效率提高的有利因素。冯晨等（2019）通过对四川县级单位历史数据进行对比分析，发现传统政体下的儒家文化对于人力资本积累起到积极作用，同时也有利于经济繁荣。崔巍（2019）从社会资本（社会信任水平）的角度来考察人力资本与经济增长的关系，发现人力资本以社会资本为媒介对经济增长起促进作用。

在人力资本要素市场的环境质量方面，学者们更多的将注意力集中在要素市场扭曲对经济增长的影响这一方面。朱承亮等（2011）认为人力资本结构对于经济增长有相当大的影响，而且人力资本结构的经济增长效应存在区域差异。刘贯春等（2017）发现要素市场，尤其是劳动力市场的扭曲是造成区域间经济增长不平衡的关键原因之一。詹江、鲁志国（2019）发现各地区资本和劳动力市场的扭曲程度不同导致了地区间经济增长的差异，随着我国市场化程度的加深，资本和劳动力市场整体扭曲程度下降。

在人力资本所处的制度环境方面，连玉君（2003）认为人力资本激励制度等方面的差异导致了西部与东部地区间的经济增长差异。王金营、黄乾（2004）从制度差异角度探讨人力资本在不同制度环境下的发挥导致的地区间经济增长差异。杜两省、刘发跃（2014）指出，一些人力资本水平较高的城市，如西安、成都、兰州等，由于制度环境质量较差，如产业结构与人力资本不匹配，使高素质的人力资本无法得到有效利用，阻碍了经济发展。

一部分学者已经注意到了人力资本实现环境对于经济增长的关键性影响作用。王艳等（2021）发现，我国人力资本外部环境质量每提高 1%，经济增长质量提高0.0359%。杨仁发、魏琴琴（2021）发现，营商环境的改善使得人力资本的积累能显著提升城市创新能力，进而促进当地经济增长。本文认为，文化环境的确对人力资本潜能的发挥存在一定的影响，但不是主要因素。否则，就无法解释一些具有悠久商业文化传统的地区的经济增速在改革开放后并没有超过其他一些商业文化积淀不深的地区。例如，山西和安徽南部地区是晋商和徽商的诞生地，商业文化积淀十分深厚。但改革开放以来，它们的经济增速显然与其深厚的历史底蕴不相符，不过位于中游而已。而关注要素市场环境的扭曲程度与经济增长关系的文章，只关注了表象，并没有找出扭曲现象发生背后的本质原因。这些文章普遍没有说明是什么导致了劳动力等生产要素市场出现了扭曲。而关注人力资本所处的制度环境与经济增长关系的研究，也是只顾一点、不及其余，对政策环境关注较多，忽视了影响人力资本实现其潜能的其他因素，如技术、社会、生态环境等。综上，各种有关人力资本实现环境质量与经济增长关系的文献，都只关注了人力资本实现环境的一个方面，没有从总体的角度对人力资本实现环境进行分类和考察。这正是本文所要解决的问题。本文认为，人力资本的形成、发挥、更新都是一个社会过程，要经历许多环节才能完成。其中任何一个环节都会受到其他环节的制约。例如，人力资本能否充分利用周围的技术设备要受到单位内部激励机制和外部政策环境的影响，装备高水平的设备并不意味着就会产生高水平的科技创新。再比如，人才政策能否充分发挥效力也要受到所在地行政效率，以及区位环境等因素的影响，许多中西部地区的人才引进政策不可谓不优厚。但在同等条件下，大多数人才还是选择去北、上、广、深和东部沿海等地区就业。

为了更加客观地分析人力资本实现环境，本文将人力资本实现环境分为两部分，即人力资本实现的宏观环境和人力资本实现的微观环境。其中，宏观环境是指影响人力资本发挥潜能的政策制度环境、要素市场环境、人文环境和生态环境等外部大环境的综合。微观环境是指个人所处的单位、团体等周围小范围内影响人力资本发挥潜能的因素综合，包括单位的激励机制、组织架构、技术水平、设备环境、企业文化、个人的人际关系等因素。宏观环境是影响人力资本发挥的外部大环境总和。而微观环境则是决定人力资本发挥潜能的最为直接因素。本文认为，人力资本实现环境质量对人力资本潜能的发挥起到至关重要的作用。人力资本实现环境优良的地区，其人力资本潜能得以充分发挥，其经济增速也必然较快；而人力资本实现环境欠佳的地区，即使原有人力资本存量水平较高，也会因人力资本不能充分发挥潜能，使其经济增长速度受到影响。

（二）模型设定及数据

1. 模型结构

为验证本文提出的论断，本文构建的基本模型为：

$$\ln PGDP_{i,t} = \beta_0 + \beta_0 LnH_{i,t} + \beta_1 LnH_{i,t} * LnMIE_{i,t} + \beta_2 LnH_{i,t}$$
$$* LnMAE_{i,t} + \beta_3 LnControls + \varepsilon_{i,t} \tag{1}$$

其中，下标 i 表示不同地区，t 表示不同年份，β_0、β_1、β_2、β_3 为回归系数；$\varepsilon_{i,t}$ 为随机扰动项。被解释变量 $PGDP_{i,t}$ 为各地区人均 GDP。$H_{i,t}$ 为人力资本指标，$MIE_{i,t}$ 为人力资本实现的微观环境质量，$MAE_{i,t}$ 为人力资本实现的宏观环境质量，Controls 为诸控制变量。卢卡斯（Lucas，1988）认为，外部性是人力资本最重要的特征属性。因此，本文在模型中引入人力资本水平与人力资本实现环境质量的交互项，用于考察人力资本的溢出作用，即人力资本在特定的实现环境中对于经济增长的影响。

构建模型（1）的目的在于考察人力资本在不同实现环境中对经济增长的影响，没有将人力资本实现环境的质量单独作为一个变量来考察。基于全面研究的目的，本文构建了模型（2），该模型将人力资本、人力资本实现环境质量都作为独立变量加以考察，旨在分析人力资本微观环境和宏观环境的质量对于经济增长的影响。

$$\ln PGDP_{i,t} = \beta_0 + \beta_0 LnH_{i,t} + \beta_1 LnMIE_{i,t} + \beta_2 LnMAE_{i,t} + \beta_3 LnControls + \varepsilon_{i,t} \tag{2}$$

2. 变量选取及数据来源

本文选取的解释变量包括：

（1）人力资本指标 H。选取劳动力人均人力资本存量，表示为各地区从业人员人力资本总量与从业人员数之比。人力资本总量的计算采用的是考虑了各教育层次劳动生产率的加权教育年限法。教育层次分为文盲、小学、初中、高中、大专、本科和研究生。各教育层次组的劳动生产率之比源自《联合国教科文组织报告（2010）》中的统计："不同文化程度的人，提高劳动生产率的能力不同，小学程度者为43%，中学程度者为108%，大学程度者为300%"。[1] 据此，以各教育层次的教育年限乘以联合国报告中提到的劳动出产率之比，就得到了各教育层次的加权教育年限值。再以该

---

[1] 联合国教科文组织：《联合国教科文组织科学报告（2010）》，中国科学技术出版社 2010 年版。

加权值乘以各教育层次的就业人数，并汇总，就得出某一地区人力资本总量［具体计算方法参见白云飞、马树才（2017）］。该人力资本总量与地区就业总人数之比即为劳动力人均人力资本量。

（2）人力资本实现的微观环境质量 MIE。以各地区万人国内专利申请授权量表示。之所以选择该指标，是因为微观环境质量直接决定着人力资本能力的发挥。人力资本在微观环境适宜的时候会释放出宝贵的创新能力。创新能力是人力资本最重要的价值体现，是机器和人工智能无法替代的。而专利授权情况无疑是衡量创新能力的代表性指标，也是评价人力资本实现微观环境质量的理想指标。

（3）人力资本实现的宏观环境质量 MAE。以省级政府网站绩效得分值表示。自2003 年以来，国务院委托工信部中国软件测评中心对全国政府单位网站绩效进行测评，并每年发布《中国政府网站绩效评估总报告》。该报告中包含各省级行政区的政府网站绩效得分及排名情况。通过对比多年排名，本文发现各地区政府网站绩效得分与该地区的营商环境质量呈现明显的正相关关系。例如，北京、上海、广东、浙江、江苏的政府网站绩效得分和排名常年名列前茅。① 而由中科营商环境大数据研究院发布的《中国营商环境指数蓝皮书（2021）》中，上海、北京、浙江、江苏、广东分列前五名。② 营商环境质量无疑能充分反映一个地区人力资本实现的宏观环境质量。营商环境优良的地区，各项经济、社会指标均表现优异，人才因为能找到实现其自身价值的机会而大量流入。然而，我国测算省级营商环境指数的时间并不长。鉴于数据的可搜集性，以及政府网站绩效得分与营商环境质量的高度正相关性，本文认为以省级政府网站绩效得分情况来评价该地区人力资本实现的宏观环境质量是客观合理的。

（4）控制变量。除了与人力资本密切相关的上述指标外，模型还引入了一些控制变量，用来与人力资本实现环境质量对经济增长的作用进行比较。分别是各地区固定资产投资与 GDP 之比（IIFA）、各地区 R&D 经费投入强度（RD）和各地区外贸依存度（FTD）。

计算人力资本总量的教育结构数据来源于历年《中国劳动统计年鉴》。各地区从业人员数据来源于中国劳动就业与经济社会发展统计数据库。省级行政区的政府网站绩效得分来自中国软件测评中心网站和商务部网站。其余数据取自国家统计局网站。基于数据的可得性，样本区间为 2004～2019 年。

---

① 赛迪研究院：《重磅！赛迪发布"2020 年数字政府服务能力评估结果"》，https：//baijiahao. baidu. com/s？id = 1686311240059228590&wfr = spider&for = pc。

② 王硕：《中国营商环境指数蓝皮书（2021）》，人民政协网，http：//www. rmzxb. com. cn/c/2021 - 05 - 19/2858529. shtml。

三、实 证 分 析

（一）实证分析结果

综合来看，人力资本水平、固定资产投资在全国和各地区均对经济增长起到了积极推动作用（见表 1）。表明我国近年来的经济增长离不开人力资本水平的不断提高，以及不断加大的投资力度。交互项中，全国和各地区的 LnH * LnMIE 的系数均为正并且在统计上显著。说明在给定的微观环境下，人力资本是经济增长的积极因素。这还表明微观环境质量是优良的，与不断提升的人力资本水平和不断发展的经济相适应。另一个交互项 LnH * LnMAE 的系数只在东部和中部为正，且在统计上显著，在全国整体和东北均不显著，在西部虽然统计显著但回归系数为负。说明从整体上看，样本区间的宏观环境质量不佳。在此宏观环境中，人力资本并不能对经济增长起积极作用。东北、西部地区也是如此。只有在东部和中部地区，宏观环境才有效激发了人力资本的活力，使其成为促进经济增长的积极因素。控制变量中，R&D 经费投入强度在全国整体、东部、中部和西部都对经济增长起到了积极作用，说明加大 R&D 经费投入是促进我国经济增长的有效手段。而外贸依存度在全国整体和各个地区均没有对经济增长起到积极促进作用。表明我国近年来的经济增长并不特别依赖外需，而是更多地依靠内需来拉动。

表1　　　　　　　　　　模型（1）

		全国	东部	中部	西部	东北
解释变量	LnH	0.649 *** [7.482]	0.305 *** [5.925]	0.738 *** [3.742]	0.787 *** [14.126]	2.452 *** [4.169]
	LnH * LnMIE	0.109 *** [23.697]	0.095 *** [29.758]	0.064 *** [10.087]	0.109 *** [27.830]	0.065 ** [2.393]
	LnH * LnMAE	−0.013 [−1.473]	0.016 *** [4.327]	0.054 *** [4.279]	−0.053 *** [−10.690]	0.024 [0.604]
	LnIIFA	0.289 *** [9.276]	0.126 *** [10.181]	0.113 *** [3.008]	0.436 *** [15.999]	0.481 *** [5.684]
	LnRD	0.247 *** [7.003]	0.461 *** [33.840]	0.501 *** [6.825]	0.341 *** [18.108]	−0.215 [−0.988]
	LnFTD	0.027 [1.389]	−0.099 *** [−5.888]	0.040 [0.956]	−0.016 [−1.513]	0.129 [1.054]

	全国	东部	中部	西部	东北
常数项	8.077 *** [36.846]	8.996 *** [67.196]	7.011 *** [13.802]	8.186 *** [57.546]	2.591 [1.650]
Adj. R²	0.973	0.996	0.949	0.987	0.888
LR test	21.400 (0.000)	197.238 (0.000)	19.385 (0.000)	373.790 (0.000)	1.440 (0.250)
Hausman	35.592 (0.000)	46.164 (0.000)	39.060 (0.000)	19.051 (0.004)	—
模型形式	变截距固定效应	变截距固定效应	变截距固定效应	变截距固定效应	混合回归模型

注：变量系数下方括号内为 t 值，＊P＜0.1、＊＊P＜0.05、＊＊＊P＜0.01。似然比检验和豪斯曼检验值后的括号内数值为伴随概率。

比较各个地区可见，东部和中部的人力资本所处的环境最为优越，微观环境和宏观环境均能有效激发人力资本发挥潜能。而西部和东北的宏观环境显然没有为人力资本提供良好的外部环境。这也解释了前面宁熙（2005）提出的陕西与浙江之间违反传统人力资本理论的特殊现象为何会发生。尽管陕西的人力资本水平在改革开放之初高于浙江，但由于其人力资本实现的宏观环境质量低于浙江[①]，导致高水平的人力资本无法充分发挥带动经济增长的作用，因而会出现所谓的"浙江—陕西经济增长之谜"。这也印证了本文前面的论断：即人力资本水平高的地区不一定经济增长速度居前，其主要原因在于人力资本的实现环境存在的不利因素抑制了人力资本能力的发挥，阻碍了经济的正常增长。

值得注意的是，全国仅有东北地区的 R&D 经费投入强度的系数在统计上并不显著。这说明东北地区的 R&D 经费投入所取得的成效不高，大量科技创新成果没有转换为生产力。R&D 经费投入强度的提高没有对经济增长起到积极作用。这也从侧面反映了东北地区人力资本实现环境质量不佳的情况。因此，全国四个主要地区人力资本实现环境质量从高到低依次为东部和中部最优、西部次之、东北最后。

从回归系数值大小上看，全国整体、中部、西部和东北的人力资本对经济增长拉动作用最大。而固定资产投资对经济增长的作用，在全国整体、西部和东北处于第二位；在东部和中部都处于第三位，排在人力资本和 R&D 经费投入之后。这说明我国已经逐步摆脱了依靠固定资产投资来拉动经济增长的粗放型增长阶段，进入到依靠提

---

① 例如，2019 年，浙江、陕西的省级政府网站绩效排名（不含直辖市）分别为第 5、第 11 名，资料来源同前。

高人力资本水平来推动技术进步、驱动经济增长的集约型增长阶段。在东部地区，R&D经费投入强度对经济增长的拉动作用最大，人力资本作用次之。这表明东部地区的人力资本潜能已经得到较为充分的释放，投入更多的科研经费比其他地区能获得更高的收益。在全国整体及全部地区，人力资本在微观环境下对经济增长的促进作用都要大于人力资本在宏观环境下的作用。这说明，我国与人力资本相关的政策、制度体系还不能满足人力资本充分发挥作用的需求，需要进一步改进和完善。

表2是模型（2）的分析结果。模型（2）探讨的是：将人力资本微观和宏观实现环境质量作为自变量来分析其对经济的影响。从表2可见，与模型（1）的实证分析结果相同，人力资本、固定资产投资在全国及所有地区均对经济增长起到积极作用。R&D经费投入强度仅在东北地区对经济增长无益。而外贸依存度在全国和全部地区都没有显示出对经济增长的促进作用。人力资本微观实现环境质量对全国和全部地区的经济增长起到积极作用。而宏观环境只有在东部和中部才有益于经济增长，在全国范围、西部和东北都没有对经济增长起到促进作用。模型（2）的结论与模型（1）的结论基本相同，相互印证，说明了两个模型设定的合理性和自洽性。

表2 模型（2）

		全国	东部	中部	西部	东北
解释变量	LnH	0.650 *** [8.844]	0.328 *** [15.173]	1.025 *** [6.210]	2.452 *** [4.169]	2.655 *** [5.107]
	LnMIE	0.379 *** [24.603]	0.305 *** [31.969]	0.190 *** [10.787]	0.065 ** [2.393]	0.203 ** [2.430]
	LnMAE	− 0.044 * [− 1.853]	0.037 *** [5.466]	0.181 *** [4.717]	0.024 [0.604]	0.081 [0.667]
	LnIIFA	0.186 *** [5.583]	0.047 *** [4.335]	0.105 *** [2.855]	0.481 *** [5.684]	0.472 *** [5.529]
	LnRD	0.251 *** [7.348]	0.426 *** [38.060]	0.511 *** [7.150]	0.348 *** [19.885]	− 0.214 [− 0.985]
	LnFTD	− 0.008 [− 0.399]	− 0.0156 *** [− 10.787]	0.036 [0.865]	− 0.008 [− 0.798]	0.128 [1.048]
常数项		7.954 *** [37.635]	8.212 *** [78.987]	6.068 *** [13.557]	8.791 *** [68.419]	1.931 [1.334]
Adj. R^2		0.974	0.997	0.951	0.990	0.889

	全国	东部	中部	西部	东北
LR test	24.082 (0.000)	208.887 (0.000)	19.033 (0.000)	315.211 (0.000)	3.270 (0.195)
Hausman	39.758 (0.000)	36.987 (0.000)	39.249 (0.000)	20.056 (0.003)	—
模型形式	变截距固定效应	变截距固定效应	变截距固定效应	变截距固定效应	混合回归模型

注：变量系数下方括号内为 t 值，＊P＜0.1、＊＊P＜0.05、＊＊＊P＜0.01。似然比检验和豪斯曼检验值后的括号内数值为伴随概率。

（二）稳健性检验

为进一步验证模型的稳健性及结论的准确性，本文进行了稳健性检验。考虑到模型的内生性问题，本文选择各解释变量的滞后 1 期作为替代变量对模型（1）和模型（2）进行估计。具体结果如表 3 和表 4 所示。计算结果表明，为克服内生性而采用滞后 1 期值作为替代变量后，实证结果与原模型估计结果相同，从而证明了原模型的稳健性。因此，原模型得出结论的可靠性也得到充分证实。

表 3 模型（1）稳健性检验

		全国	东部	中部	西部	东北
解释变量	LnH	0.670 *** [7.554]	0.228 *** [4.990]	0.420 ** [2.041]	0.838 *** [16.896]	2.226 *** [3.942]
	LnH * LnMIE	0.095 *** [19.947]	0.087 *** [26.354]	0.057 *** [10.437]	0.098 *** [22.456]	0.052 * [1.939]
	LnH * LnMAE	-0.0034 *** [-3.924]	0.029 *** [9.953]	0.036 *** [3.170]	-0.078 *** [-17.145]	0.009 [0.212]
	LnIIFA	0.353 *** [10.084]	0.145 *** [13.775]	0.324 *** [5.406]	0.480 *** [19.693]	0.551 *** [6.335]
	LnRD	0.269 *** [7.268]	0.506 *** [25.677]	0.416 *** [5.956]	0.341 *** [17.342]	-0.188 [-0.787]
	LnFTD	-0.003 [-0.149]	-0.135 *** [-10.079]	0.033 [0.906]	-0.026 [-2.308]	0.124 [0.992]
常数项		8.429 *** [37.570]	9.552 *** [84.591]	8.415 *** [15.073]	8.458 *** [64.876]	3.666 [2.441]

续表

	全国	东部	中部	西部	东北
Adj. R^2	0.970	0.998	0.943	0.992	0.874
LR test	21.002 (0.000)	139.045 (0.000)	24.195 (0.000)	577.072 (0.000)	2.986 (0.225)
Hausman	34.078 (0.000)	45.392 (0.000)	36.574 (0.000)	17.577 (0.007)	—
模型形式	变截距固定效应	变截距固定效应	变截距固定效应	变截距固定效应	混合回归模型

注：变量系数下方括号内为 t 值，＊P<0.1、＊＊P<0.05、＊＊＊P<0.01。似然比检验和豪斯曼检验值后的括号内数值为伴随概率。

表4 模型（2）稳健性检验

		全国	东部	中部	西部	东北
解释变量	LnH	0.557 *** [7.702]	0.399 *** [11.727]	0.627 *** [3.511]	0.558 *** [12.902]	2.343 *** [4.713]
	LnMIE	0.332 *** [20.814]	0.278 *** [25.216]	0.173 *** [11.287]	0.326 *** [25.218]	0.162 ** [1.972]
	LnMAE	− 0.096 *** [− 4.082]	0.084 *** [10.712]	0.121 *** [3.530]	− 0.225 *** [− 18.200]	0.031 [0.255]
	LnIIFA	0.272 *** [7.268]	0.079 *** [7.685]	0.316 *** [5.392]	0.416 *** [15.931]	0.544 *** [6.199]
	LnRD	0.266 *** [7.713]	0.464 *** [25.081]	0.422 *** [6.157]	0.342 *** [20.056]	− 0.185 [− 0.781]
	LnFTD	− 0.034 [− 1.812]	− 0.184 *** [− 14.370]	0.030 [0.814]	− 0.026 ** [− 2.478]	0.122 [0.985]
常数项		8.622 *** [41.545]	8.939 *** [91.513]	7.737 *** [15.093]	9.229 *** [70.483]	3.281 [2.359]
Adj. R^2		0.972	0.998	0.945	0.991	0.875
LR test		23.586 (0.000)	163.525 (0.000)	25.827 (0.000)	444.963 (0.000)	2.838 (0.242)
Hausman		36.250 (0.000)	37.607 (0.000)	36.825 (0.000)	18.624 (0.005)	—
模型形式		变截距固定效应	变截距固定效应	变截距固定效应	变截距固定效应	混合回归模型

注：变量系数下方括号内为 t 值，＊P<0.1、＊＊P<0.05、＊＊＊P<0.01。似然比检验和豪斯曼检验值后的括号内数值为伴随概率。

四、结论与政策建议

新增长理论认为创新是实现经济增长的动力之源。而人力资本是实现创新的唯一载体。因此，研究人力资本的创新潜能在何种条件下能有效发挥对实现经济快速增长具有重要的理论和现实意义。而传统人力资本理论无法解释为何高人力资本存量不一定带来经济的高速增长。这显然不利于区域经济发展的政策制定。本文从分析这一违反传统理论的现象出发，关注了传统理论忽视的领域——人力资本实现环境质量与经济增长的关系。本文将人力资本实现环境分为宏观环境和微观环境，并构建模型检验了这些环境的质量与经济增长的关系。实证结果证实了本文的观点：人力资本实现环境的质量通过影响人力资本潜能实现效率来影响经济增长。优良的实现环境可以促使人力资本充分发挥潜能，带动经济快速增长；而实现环境质量不佳的地区，人力资本无法得到有效利用，不能充分带动经济增长。本文还发现，我国人力资本实现的微观环境质量较好，能使人力资本的能力得到充分发挥。而只有东部和中部的人力资本实现的宏观环境质量较好，能促进经济增长，在东北和西部对经济增长的作用并不显著。

本文的政策含义在于：各地在努力提升人力资本总量和质量的同时，要注意提升人力资本实现环境的质量，使其与人力资本总量和质量实现同步增长，最大限度释放人力资本水平提升带来的红利，实现经济的高质量发展和快速增长。实证分析表明，我国人力资本实现的微观环境质量不错，影响经济增长的主要因素是宏观环境。这说明，改革开放40多年来，人尽其才、按劳付酬、唯才是举等观念已深入人心，各用人单位内部的激励机制已经基本理顺。为了提升宏观环境质量，各级政府需要做的主要是：第一，完善吸引人才的外部环境。我国人力资本实现环境的改善正是人才的可流动性引发的。用人单位意识到，不给予人才优厚的待遇和良好的工作环境就留不住人才。因此，不断改善自身的微观环境，使其有利于人才发挥潜能。而在宏观层面，例如范围扩展到一座城市、一个省，政府爱护人才、留住人才的意识则未必如此强烈。因此，各级政府要为人才提供舒适的工作、生活、学习环境，这需要政府细化配套人才服务政策，把政策落到实处。还要注意加强区域生态环境建设，提供绿色宜居的生活环境。第二，不断优化产业结构，吸引高端人才落户。人才最看重的是有实现自身价值的场所。一个地区如果没有太多高端产业，是不可能吸引到高端人才的。而企业是无力改变一个地区的产业结构的。只有由政府出面，统一协调，制定产业规划，不断吸引高端产业入驻，实现产业结构的不断优化，才能吸引高端人才源源不断地前来落户。第三，消除人力资本流动障碍，使作为生产要素的劳动力实现自由流动。劳动力的自由流动可以消除劳动力市场扭曲，优化资源配置，提高人力资本使用效率。这就要求各级政府不断推进户籍制度改革，降低大城市落户门槛，逐步实现社会保险账户的自由迁移。

参 考 文 献

［1］Romer，Paul M. Endogenous Technological Change ［J］. *Journal of Political Economy*，1990 Vol. 98 （5）：71 – 102.

［2］宁熙、朱晓明、蒋科瑛：《人力资本产权残缺：诠释浙江—陕西经济增长之谜》，载《人口与经济》2005 年第 4 期，第 28 ~ 32 页。

［3］白云飞、马树才：《人力资本产权效应，要素投入与经济增长》，载《辽宁大学学报（哲学社会科学版）》2017 年第 3 期，第 45 ~ 54 页。

［4］王士红：《人力资本与经济增长关系研究新进展》，载《经济学动态》2017 年第 8 期，第 124 ~ 134 页。

［5］李娟伟、任保平、刚翠翠：《文化资本异质性能够提高中国经济增长效率吗？——来自 30 个省区面板数据的理论与实证研究》，载《中南财经政法大学学报》2016 年第 3 期，第 24 ~ 31 页。

［6］冯晨、陈舒、白彩全：《长期人力资本积累的历史根源：制度差异、儒家文化传播与国家能力塑造》，载《经济研究》2019 年第 5 期，第 146 ~ 163 页。

［7］崔巍：《社会资本、人力资本与经济增长：我国的经验数据》，载《经济问题探索》2019 年第 8 期，第 9 ~ 15 页。

［8］朱承亮、师萍、岳宏志等：《人力资本、人力资本结构与区域经济增长效率》，载《中国软科学》2011 年第 2 期，第 110 ~ 119 页。

［9］刘贯春、张晓云、邓光耀：《要素重置、经济增长与区域非平衡发展》，载《数量经济技术经济研究》2017 年第 7 期，第 35 ~ 56 页。

［10］詹江、鲁志国：《资源错配对地区经济差距的影响机制的实证研究》，载《经济问题探索》2019 年第 6 期，第 80 ~ 87 页。

［11］连玉君：《人力资本要素对地区经济增长差异的作用机制——兼论西部人力资本积累策略的选择》，载《财经科学》2003 年第 5 期，第 95 ~ 98 页。

［12］王金营、黄乾：《中国各地区经济增长的制度差异变迁因素》，载《财经科学》2004 年第 5 期，第 77 ~ 79 页。

［13］杜两省、刘发跃：《人力资本存量难以解释西部地区低投资效率的原因分析》，载《中国人口科学》2014 年第 4 期，第 2 ~ 13 页。

[14] 王艳、吴梦楠、雷淑珍：《人力资本视角下环境规制对经济增长质量的影响效应》，载《生态经济》2021 年第 10 期，第 144～152 页。

[15] 杨仁发、魏琴琴：《营商环境对城市创新能力的影响研究——基于中介效应的实证检验》，载《调研世界》2021 年第 10 期。

[16] Lucas, R. E.. On the mechanics of economic development [J]. *Journal of Monetary Economics*, 1988, 22 (1): 3 – 42.

[17] 联合国教科文组织：《联合国教科文组织科学报告（2010）》，引自《全球科学发展现状》，中国科学技术出版社 2012 年版。

[18] 《中国劳动就业与经济社会发展统计数据库》，http：//tongji. cnki. net/kns55/Publish/industry/Z001. html。

[19] 王智勇、李瑞：《人力资本、技术创新与地区经济增长》，载《上海经济研究》2021 年第 7 期，第 55～68 页。

[20] 彭国华：《我国地区全要素生产率与人力资本构成》，载《中国工业经济》2007 年第 2 期，第 52～59 页。

[21] 钱晓烨、迟巍、黎波：《人力资本对我国区域创新及经济增长的影响——基于空间计量的实证研究》，载《数量经济技术经济研究》2010 年第 4 期，第 107～121 页。

[22] 台航、崔小勇：《人力资本结构与技术进步——异质性影响分析及其跨国经验证据》，载《南开经济研究》2019 年第 4 期，第 143～166 页。

[23] Benhabib, J. &M. M. Spiegel. The role of human capital in economic development: Evidence from aggregate crosscountry data [J]. *Journal of Monetary Economics*, 1994, 33 (2): 143 – 173.

Research on the Relationship Between Human Capital's Environmental Quality and Economic Growth

Bai Yunfei

Abstract: The development of human capital potential is inseparable from the environment of human capital realization, but the relevant research on the environment of human capital realization, especially the relationship between its quality and economic growth, has been ignored by the academic community. This paper studies the importance of human capital realization environment to the development of human capital potential and economic growth. It is divided into micro environment and macro environment. A model reflecting the relationship between environmental quality and economic growth of human capital is constructed. The empirical results show that the quality of human capital environment is the key external condition to ensure that human capital drives economic growth, and determines the efficiency of human capital potential. It is found that the micro environment quality of human capital in China is better, which plays a positive role in economic growth as well as the level of human capital. However, the macro environment quality of human capital needs to be improved. Only in the eastern and central regions can it play a positive role in economic growth, but not in the whole country, the northeast and the western regions.

Key words: Human capital realization environment　quality　economic growth

人工智能产业对经济高质量发展的影响：影响机制与实证检验

杨玉芳　曹艳秋*

摘　要： 本文创新性地从经济效应、环境效应、社会效应三个层面阐述人工智能产业对经济高质量发展的影响机制。实证分析基于2008~2017年我国30个省份面板数据，对人工智能产业发展和经济高质量发展水平进行测度，并构建面板模型进行实证检验。结果表明：人工智能产业对经济高质量发展的影响呈现显著促进作用，并进一步实证检验得到，人工智能产业对经济高质量发展的影响存在一定的时滞效应；人工智能产业发展水平不同对经济高质量发展存在异质性效应，人工智能产业发展水平领跑地区和加速地区对经济高质量发展有显著积极作用，而人工智能产业发展水平起跑地区对经济高质量发展不显著。

关键词： 人工智能产业　经济高质量发展　影响机制　实证检验

"十四五"时期我国经济进入高质量发展的新阶段，习近平总书记强调新阶段的发展必须贯彻新发展理念，必须是高质量发展。探索如何在传统发展模式上寻求新的经济发展动力，以推动经济持续高质量发展，是我国经济发展需要重点解决的问题。人工智能是新一轮科技革命和产业变革的重要战略性技术，有很强的创新溢出效应。人工智能作为技术创新的重要载体，与大数据、5G、物联网等技术融合发展，极大地促进了经济高质量发展。在数字经济发展的背景下，人工智能产业发展必将遵循新发展理念，成为推动经济高质量发展的新动能。

人工智能技术作为智能产业发展的重要载体，是一种创新型的通用目的技术，具

---

* 作者简介：杨玉芳（1993~），女，河南信阳人，辽宁大学经济学院研究生，研究方向：产业经济学。曹艳秋（1969~），女，河北昌黎人，辽宁大学经济学院副教授，经济学博士，研究方向：规制经济学。

有渗透效应、替代效应及协同效应，对经济社会发展的方方面面产生了重要作用（蔡跃洲，2017）。随着人工智能及智能产业的发展趋势，可以预见，人工智能及智能产业对经济增长效率的提升有巨大潜力（Furman and Seamans，2018）。人工智能产业作为信息技术产业变革最重要的驱动力，将会持续地促进经济整体全要素生产率的提高，真正实现以创新、协调、绿色、开放、共享为特征的高质量发展（师博，2020）。当前阶段，人工智能技术正与不同产业加速融合发展，这有助于延伸产业链布局，形成产业链集群，助推经济高质量发展。

但是人工智能产业如何助推经济高质量发展则是需要深入研究的问题，只有研究清楚这个问题，才能更加有效地利用人工智能产业对经济高质量发展的助推作用。因此我们将深入研究人工智能产业助推经济高质量发展的影响机制，并对此进行实证检验，最后提出效应的政策建议。

一、文 献 综 述

随着人工智能技术及人工智能产业的迅速兴起，人工智能产业与经济发展的深度融合需要相关的学术理论诠释，推动人工智能产业发展政策的实施也需要相应的理论研究支撑。目前，关于人工智能产业的影响研究，众多学者主要集中研究了人工智能发展对经济增长、产业结构、劳动就业、价值链分工等各个方面的影响（曹静等，2018；郭凯明，2019；邓仲良等，2021；Acemoglu and Restrepo，2017；Aghion and Jones，2018）。人工智能技术对经济发展产生的经济效应可以概括为以下三个方面。

第一，从交易成本视角，人工智能技术通过降低生产成本，显著提高产业的生产率。人工智能技术运用到产业生产各个环节，优化生产操作流程，减少生产成本以及生产出错率，提高企业生产（Brynjolfsson and Mcafee，2017）。Kromann et al.（2018）采用工业机器人数据衡量人工智能指标进行实证研究，分析了人工智能对经济增长生产率有显著的正向作用。Graetz and Michaels（2018）同样采用 17 个国家的工业部门机器人面板数据，分析了现代工业机器人的经济贡献。提高工业机器人的使用率，使得劳动力生产率的经济贡献提高了 0.36%。刘亮（2020）通过构建包含智能化的 CES 生产函数模型，研究证明全要素生产率在经济增长中有着显著的贡献作用，而人工智能实现了经济增长。林晨（2020）构建含有人工智能的动态一般均衡模型分析了人工智能对经济增长的影响，指出人工智能有助于优化资本结构，提高实体经济占比，降低住房资本占比，从而促进消费升级和经济增长。王进（2019）通过人工智能产业规模、企业数量、专利数和融资规模四个维度量化分析了人工智能产业对经济增长有促进作用。孙早和侯玉林（2021）认为人工智能发展提升了纺织业和通用设备等传统制造业的全要素生产率。

第二，从创新视角，人工智能产业通过智能技术创新推动经济发展。人工智能产业通过不断完善生产技术系统和创新过程，对技术创新起到了巨大的促进作用，同时也推动了经济发展（Kromann and Malchow，2016）。郭凯明（2019）也认为人工智能是技术工业革命变革的通用技术载体，具有创新溢出效用极强的"头雁"效应。师博（2020）诠释了人工智能的创新促进效应，一方面人工智能技术的应用和普及不仅会直接促进科技进步、行业生产力提升，也会使产业创新模式发生变革；另一方面，人工智能技术也会产生"干中学"的创新效应。张龙鹏和张双志（2020）从制造业产业层面，研究认为人工智能与制造业的深度融合对技术创新的作用在不断提升，不仅体现在创新数量方面，也体现在创新质量方面。

第三，从资本配置视角，人工智能技术可以实现部分劳动力的替代效应，推动经济发展。陈彦斌（2019）构建含有人工智能和老龄化的动态一般均衡模型研究了人工智能对经济增长的影响，研究发现人工智能通过不断提高生产的自动化和智能化的技术系统，可以实现资本对劳动的替代效应，从而缓解老龄化背景下劳动力供给减少给经济发展带来的不利影响。蔡啸（2019）通过我国 28 省份 2003～2016 年面板数据分析了人工智能技术对制造业就业的影响，研究表明在制造业生产中运用人工智能技术会显著降低制造业劳动力的占比，同时人工智能技术上升 1%，会使制造业就业率下降 0.142%。与之相似，吕荣杰（2021）基于 PVAR 模型分析了人工智能、产业升级与人力资本的关系，指出人工智能对我国人力资本存在显著的"侵蚀效应"，并且侵蚀效应在中西部表现显著。

通过以上文献可以看出，国内外关于人工智能产业对经济发展理论相关研究的内容较为丰富。人工智能技术进步及智能产业发展是驱动经济高质量增长的创新力量，支撑经济高质量发展（蔡跃洲等，2019），研究人工智能产业与经济高质量增长之间的关系具有重要的意义。但人工智能产业对经济高质量发展的影响效应有多大，以及存在怎样的作用机制，采取什么政策提高人工智能产业对经济高质量发展的促进作用？所有这些问题，还需要进行更深入的研究。

二、影响机制分析

人工智能产业是经济高质量发展的新动能，"人工智能＋"技术的快速发展与应用更是催生出新的产业链，是提升经济高质量增长的动力源（蒲晓华等，2021）。具体来说，人工智能产业主要从经济效应、环境效应和社会效应三个方面对经济高质量发展产生影响，如图 1 所示。

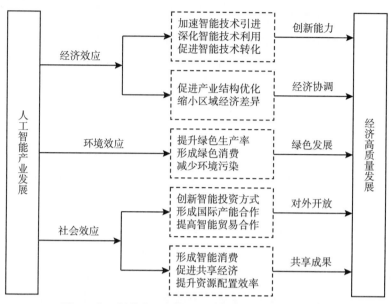

图1 人工智能产业助推经济高质量发展的作用机理

（一）经济效应

第一，人工智能产业对创新能力起促进作用。一是人工智能产业通过加快智能技术引进，提高创新能力。人工智能产业发展可以引进云计算、新互联网、大数据等高端信息技术要素，拓展人的学习能力，加速人力资本积累，提高资源配置效率（任保平等，2019）。二是人工智能产业通过深化智能技术融合，提高创新能力。人工智能产业通过深化技术融合，加速了科学技术研发进程、拓宽了研究领域，同时通过智能技术的融合利用，加深了不同领域学者对技术创新的经验交流。三是人工智能产业通过促进智能技术转化，提高创新能力。人工智能产业促进智能技术转化，可以很好地带动一系列相关产业发展，促进产业分工协作、协调发展，从而形成产业创新合作关系。

第二，人工智能产业对经济协调发展起促进作用。一方面，人工智能产业促进产业结构优化。产业的生产效率及产出质量取决于产业要素供给结构。智能化时代，信息、数据、知识等具有低成本、高效率和增速快等特征要素成为智能化生产的核心要素，对产业结构优化产生重要作用。另一方面，人工智能产业有助于缩小区域经济发展差异。随着人工智能技术和产业发展，在一定程度上缓解了中西部地区经济发展中的资源稀缺问题（郭晗，2019）。中西部地区借助人工智能技术来实现技术进步和产业创新发展，将人工智能技术与相关产业融合发展，缩小与东部地区的经济发展差距。

（二）环境效应

人工智能产业对绿色发展起重要的促进作用。一是人工智能产业提升产业生产效率，实现绿色增效。人工智能在产业领域的突出方面是智能化制造。在产品从生产到销售的过程中，智能生产系统根据消费者的个性需求，采集产品生产各个环节信息加以分析，最大限度地优化资源配置和降低能源消耗，促进节能减排和绿色发展。二是人工智能产业催生绿色消费，推动绿色生活理念形成。在智能规划和绿色交换模式的引导下，公众从高耗能消费向绿色消费转变，践行节能减排、绿色消费理念。三是人工智能产业通过智能技术构建环境监管体系，减少环境污染。人工智能技术、大数据、互联网等信息技术是环境保护的重要技术引擎，利用智能技术对生态环境实施全面精准化监控以及分析生态环境未来发展趋势，有助于推进生态文明建设，为实现绿色发展奠定坚实的基础。

（三）社会效应

第一，人工智能产业对能够进一步提升开放程度。一是人工智能产业形成智能投资模式，刺激经济开放发展需求。智能投资模式利用云计算、大数据和深度学习功能，对开放发展建设的投资方向、投资区位、投资范围等方面进行有效预测和研讨，最终实现创新对外投资方式的选择（师博，2019）。二是人工智能产业强化智能产业合作，带动经济对外开放发展。中国在人工智能领域具有强大的竞争优势，可以强化智能产业合作，有助于带动经济对外开放发展。三是人工智能产业构建智能贸易和生产服务平台，促进贸易合作和增强国际竞争力。人工智能产业以数字经济建设为引领，构建智能贸易和生产服务网络，发展"数字丝绸之路"、促进经济对外开放。

第二，人工智能产业对经济共享有重要的促进作用。一是人工智能产业创造智能消费，促进全民共享发展。智能消费将给消费者带来高质量的消费体验和满足感。随着越来越多的消费品融入智能技术，例如智能电视、智能音箱、智能机器人等都给消费者带来全新的消费体验。二是人工智能产业建立智能服务平台，推动共享经济发展。共享经济是一种对等交易模式的智能服务平台，不仅是一种新的经济形态和消费理念，更是一种加速要素资源流动，实现新型资源有效配置的全新方式（许宪春，2019）。这种公共服务平台给企业和公众群体带来了很大的经济效益，也促进了共享发展。三是人工智能产业提升资源分配效率，促进发展成果共享。人工智能产业和互联网、大数据等技术融合发展，可以实现教育、就业和医疗等方面资源分配均衡，提升资源分配效率。

三、变量选取与测算

（一）被解释变量：经济高质量发展（HQD）

基于经济高质量发展理念，以"创新、协调、绿色、开放、共享"五个层面构建了经济高质量发展水平指标体系，如表1所示。首先，为准确反映人工智能技术给经济发展带来的增速变化和质量改善，本文在选取经济高质量发展指标时，主要选用变化值和结构性指标体系。其次，参考王青、李佳馨等（2020）和潘雅茹、罗良文（2020）的方法，采用熵权法对具体各指标体系进行权重计算，以此计算出我国2008～2017年30省份经济高质量发展综合水平。

表1　　　　　　　　　　　经济高质量发展指标体系

指标维度	一级指标	二级指标	具体衡量指标	指标权重	属性
创新发展	创新投入	R&D经费投入强度	R&D经费支出/GDP	4.43%	+
		技术投入强度	技术市场成交额/GDP	4.52%	+
	创新产出	专利数产出	科研机构专利数	5.04%	+
	创新成果	创新产品增收度	新产品销售收入/GDP	5.24%	+
协调发展	产业结构	产业高级化	第三产业增加值/GDP	3.74%	+
	城乡结构	城乡收入水平	城镇居民人均收入/农村居民人均收入	4.38%	−
		城乡消费水平	城镇居民人均消费支出/农村居民人均消费支出	4.38%	−
	经济结构	劳动者报酬	劳动者报酬	4.95%	+
绿色发展	资源节约	单位GDP能源消耗量	能源总量/GDP	4.32%	−
		单位GDP电耗量	电力消耗/GDP	3.82%	−
	环境治理	环境污染治理投资占比	环境污染治理投资/GDP	3.65%	+
		生活垃圾无害化处理率	生活垃圾无害化处理率	4.06%	+
	绿化建设	森林覆盖率	森林覆盖率	3.57%	+
		建成区绿化水平	建成区绿化覆盖率	4.60%	+
开放发展	开放水平	外贸依存度	货物进出口总额/GDP	4.52%	+
		外资依存度	外商直接投资/GDP	3.85%	+
	开放成果	人均国际旅游收入	国际旅游收入/总人口	4.42%	+

续表

指标维度	一级指标	二级指标	具体衡量指标	指标权重	属性
共享发展	经济共享	人均 GDP	人均 GDP	4.57%	+
		人均可支配收入	人均可支配收入	4.18%	+
	社会保障	社会保障和就业支出	社会保障和就业支出	4.53%	+
		城镇登记失业率	城镇登记失业率	4.20%	+
	公共服务	城乡教育水平	人均受教育年限	4.74%	+
		城乡医疗保障水平	万人拥有床位数	4.29%	+

测算结果如表 2 所示：2008～2017 年，经济高质量发展水平逐年上升，但整体水平不高，还有很大的上升空间。全国经济高质量发展水平均值为 0.531，其中经济高质量发展指数均值最大的是北京（1.272），最小的是吉林（0.213）。以北京、上海、广东等为主要代表的东部地区具有绝对优势，在经济高质量创新、协调、绿色、开放、共享发展方面表现亮眼；安徽、湖北、河南等中部地区，经济高质量发展主要凭借当地龙头产业的优势力量，在科研技术研发、产品创新等方面与东部地区还存在一定差距；青海、宁夏、甘肃等西部地区，优势产业不突出，缺乏良好的产业发展环境，经济提质增速缓慢。总的来看，我国经济高质量发展水平有明显的空间分布不均衡特征，东部地区总体上处于全国领先位置，中西部地区则与东部地区存在一定差距。这表明经济高质量发展存在明显的区域差异。

表 2 　　　　　　　　　经济高质量发展水平指数

省份	2008 年	2009 年	2010 年	2011 年	2012 年	2013 年	2014 年	2015 年	2016 年	2017 年	均值
北京	1.061	1.125	1.185	1.217	1.258	1.329	1.338	1.352	1.421	1.436	1.272
天津	0.433	0.570	0.604	0.630	0.691	0.768	0.815	0.789	0.933	0.822	0.706
河北	0.254	0.296	0.368	0.451	0.452	0.484	0.513	0.554	0.579	0.654	0.460
山西	0.257	0.285	0.341	0.384	0.472	0.550	0.609	0.618	0.657	0.661	0.483
内蒙古	0.222	0.280	0.336	0.413	0.482	0.508	0.564	0.575	0.593	0.622	0.460
辽宁	0.362	0.410	0.476	0.566	0.718	0.673	0.664	0.696	0.679	0.762	0.601
吉林	-0.007	0.053	0.120	0.160	0.173	0.209	0.280	0.363	0.386	0.393	0.213
黑龙江	0.024	0.075	0.120	0.185	0.263	0.315	0.287	0.343	0.401	0.424	0.244
上海	0.662	0.685	0.677	0.699	0.827	0.791	0.858	1.011	1.062	1.053	0.833
江苏	0.574	0.591	0.654	0.737	0.815	0.842	0.865	0.927	0.955	0.974	0.793

省份	2008 年	2009 年	2010 年	2011 年	2012 年	2013 年	2014 年	2015 年	2016 年	2017 年	均值
浙江	0.532	0.510	0.575	0.660	0.706	0.741	0.773	0.839	0.885	0.910	0.713
安徽	0.302	0.323	0.365	0.462	0.503	0.593	0.606	0.645	0.662	0.702	0.516
福建	0.399	0.447	0.504	0.501	0.541	0.579	0.584	0.634	0.647	0.699	0.554
江西	0.182	0.244	0.309	0.425	0.494	0.469	0.461	0.491	0.537	0.582	0.419
山东	0.441	0.506	0.540	0.581	0.672	0.710	0.721	0.760	0.795	0.841	0.657
河南	0.312	0.341	0.359	0.398	0.475	0.528	0.568	0.596	0.643	0.712	0.493
湖北	0.333	0.364	0.384	0.447	0.500	0.548	0.603	0.653	0.715	0.733	0.528
湖南	0.222	0.276	0.266	0.326	0.384	0.427	0.471	0.586	0.559	0.622	0.414
广东	0.787	0.796	0.908	0.869	0.916	0.955	0.994	1.055	1.151	1.187	0.962
广西	0.201	0.234	0.336	0.402	0.429	0.447	0.562	0.572	0.597	0.661	0.444
海南	0.138	0.186	0.251	0.460	0.480	0.450	0.421	0.417	0.446	0.538	0.379
重庆	0.360	0.413	0.489	0.497	0.524	0.567	0.587	0.566	0.629	0.760	0.539
四川	0.289	0.347	0.480	0.504	0.532	0.606	0.626	0.636	0.656	0.669	0.534
贵州	0.150	0.160	0.212	0.294	0.353	0.417	0.453	0.454	0.465	0.550	0.351
云南	0.148	0.211	0.250	0.282	0.349	0.392	0.396	0.415	0.478	0.548	0.347
陕西	0.217	0.262	0.290	0.333	0.410	0.458	0.494	0.538	0.678	0.717	0.440
甘肃	0.176	0.186	0.284	0.328	0.367	0.383	0.377	0.479	0.490	0.566	0.364
青海	0.200	0.157	0.176	0.297	0.358	0.409	0.440	0.528	0.548	0.657	0.377
宁夏	0.199	0.146	0.221	0.229	0.286	0.436	0.420	0.468	0.546	0.532	0.348
新疆	0.180	0.284	0.370	0.448	0.511	0.545	0.564	0.582	0.634	0.660	0.478
全国	0.320	0.359	0.415	0.473	0.531	0.571	0.597	0.638	0.681	0.721	0.531

资料来源：笔者应用 spss22.0 计算整理所得。

（二）核心解释变量：人工智能产业（AI）

人工智能属于新一代技术产业领域，对于人工智能产业发展水平的标准体系尚未形成统一定论。现有研究大多使用人工智能的某一单一变量，来反映人工智能产业的发展水平。主要是由于国内衡量人工智能产业发展水平的统计数据不足。因此，为全面充分测度我国 30 个省份人工智能产业发展水平，本文借鉴万晓榆、赵寒等（2020）的做法，构建包括产业基础支撑、创新能力、融合应用、环境保障 4 个一级指标及 15 个二级指标（见表 3）。这不仅综合考虑到人工智能产业发展状况与潜力，也考虑到与人工智能产业发展相关的应用场景以及外部环境影响因素，并采用主成分分析法测算出人工智能产业发展水平指数。

表3 人工智能产业发展指标体系

一级指标		二级指标	具体指标说明
人工智能产业发展指标	基础支撑	科研人才	人工智能产业 R&D 人员全时当量
		人工智能产业固定资产投资	人工智能产业固定资产投资
		科研机构	人工智能产业 R&D 机构数
		科研机构 R&D 经费	人工智能产业科研机构 R&D 经费
	融合应用	互联网普及率	已经开通互联网的用户数/地区总户数
		人工智能产业总利润	人工智能产业总利润
		人工智能产业收入	人工智能产业主营业务收入
		信息化及电子产品企业数量	电子及通信设备制造业企业数
	创新能力	专利数量	人工智能企业专利数
		产业 R&D 经费投入强度	地区人工智能产业 R&D 经费/GDP
		技术创新指数	国内三种专利申请数/GDP
	环境保障	人工智能产业出口额	人工智能产业出口额
		居民消费水平	全体居民人均消费支出
		人工智能产业财政支出	人工智能技术财政支出
		教育经费支出	教育经费支出

借鉴韩先锋等（2014）的做法，对各省份人工智能产业发展水平指数进行标准化处理，具体方法如下：

$$AI = \frac{F_i}{maxF_i - minF_i} * 0.4 + 0.6 \tag{1}$$

其中，为 i 省份的综合因子得分，$max(F_i)$ 和 $min(F_i)$ 分别为对应 i 省份综合因子得分的最大值和最小值。

测算结果如下（见表4）：根据人工智能产业发展指数，将人工智能产业发展指数进行分组，2008～2017 年，随着我国人工智能产业发展政策全面优化，创新能力稳步提升，产业基础不断夯实，发展环境持续改善，融合应用持续深化，我国 30 个省份人工智能产业发展呈现逐年上升的良好态势。这是国家大力支持智能化产业建设，持续推进人工智能技术创新进步、助推人工智能产业在全社会迅速发展的成果。我国人工智能产业发展指数为 0.481，高于全国人工智能产业发展平均水平的有 15 个省份，其中，北京（1.033）、上海（0.946）、江苏（0.876）、广东（0.867）、浙江（0.830）分别位于我国人工智能产业发展前 5 名，而山西（0.189）、甘肃（0.160）、新疆（0.159）、海南（0.061）、青海（0.052）分别位于后 5 名，其中海南省虽划分为东部地区，但其经济发展、科研水平等仍与其他东部地区有一定差距，因此人工智能产业发展水平较低。这说明我国人工智能产业发展与经济发展趋势相似，也呈现出从东南沿海向西北内陆逐年递减的态势。

为更好地反映地区人工智能发展水平差异，又根据人工智能发展水平指数变化趋势，将 30 个省份人工智能产业发展水平变化趋势划分为三组。如表 5 所示，北京、上海、广东、江苏、浙江五省份人工智能产业发展水平排名前五，处于全国领跑地位；而安徽、天津、山东、湖北等地区可能因缺乏智能技术创新与领跑者存在差距，处于加速地位；吉林、广西、海南等地区人工智能产业发展水平还需进一步加快建设，处于起跑阶段。

表4　　　　　　　　　人工智能产业发展指数测算结果

人工智能产业发展指数	省份
1.5 ~ 1	北京
1 ~ 0.5	上海、江苏、广东、浙江、天津、山东、福建、四川、安徽、陕西、湖北、辽宁、河南
0.5 ~ 0	湖南、重庆、河北、江西、广西、吉林、黑龙江、内蒙古、贵州、宁夏、云南、山西、甘肃、新疆、海南、青海

资料来源：笔者用 spss22.0 计算整理所得。

表5　　　　　　　　　人工智能产业发展水平趋势

指标	领跑者	加速者	起跑者
人工智能产业发展水平	北京、上海、江苏、广东、浙江	天津、山东、福建、四川、安徽、陕西、湖北、辽宁、河南、重庆、河北、江西	广西、吉林、黑龙江、内蒙古、贵州、宁夏、云南、甘肃、新疆、海南、青海

四、模型设定与实证分析

（一）模型设定

根据影响机制分析，本文构建如下人工智能产业对经济高质量发展影响的计量模型：

$$LnHQD_{it} = c + \alpha LnAI_{it} + \beta LnX + \mu_i + t_i + \varepsilon_{it} \tag{2}$$

其中，HQD_{it} 表示经济高质量发展；AI_{it} 表示人工智能产业发展，是本文的核心关注变量；X 表示影响经济高质量发展的其他控制变量，包括：①人均固定资产投资（cap）。用各省份的固定资产投资额占比表示。②政府干预（gov）。用地方政府支出占地区生产总值的比重衡量。③市场化水平（mar）。用非国有企业员工占比来体现。④对外开放程度（trad）。用进出口总额占地区生产总值的比值表示；α、β 为待估计系数，c 为常数项，μ_i 为个体效应，t_i 为时间效应，ε_{it} 表示随机误差项，i 和 t 分别表示省份和年份。

（二）数据来源及描述性统计

本文计量模型涉及的样本是 2008～2017 年中国 30 个省份面板数据，考虑到数据的可获得性及完整性，未包含西藏和港、澳、台。数据来源为各省份《统计年鉴》《中国科技数据库》《中国高新技术产业数据库》和 EPS 数据库。同时为了消除指标变量异常值产生的结果偏差，对所有变量进行标准化处理。各指标变量描述性统计结果如表 6 所示。

表6　　　　　　　　　　　　变量描述性统计

变量	观察值	均值	最大值	最小值	标准差
hqd	300	0.5307	1.436	−0.007	0.2542
ai	300	0.4809	1.222	−0.139	0.2972
gov	300	0.2333	0.627	0.087	0.0985
trad	300	0.2944	1.6976	0.0167	0.3468
mar	300	0.7151	0.899	0.44	0.1071
cap	300	3.1201	8.1814	0.5184	1.5262

（三）实证分析

1. 基本回归结果分析

本文通过 Hausman - test 和 F - test，检验结果表明 Hausman - test 和 F - test 均在 1% 的显著水平上拒绝原假设，所以采用固定效应模型进行估计。表 7 是人工智能产业对经济高质量发展影响的固定效应回归结果。回归结果显示：在控制了时间和个体效应之后，人工智能产业对经济高质量发展具有显著的促进作用，人工智能产业指数的估计系数为 0.243，且在 1% 的水平上显著为正。表明人工智能产业发展水平的提高，会显著提升经济高质量发展水平，这与理论分析结果相符。同时模型的 R^2 等于 0.8896，说明模型的拟合优度很好。

表7   人工智能产业对经济高质量发展影响的固定效应检验

变量	（1）	（2）	（3）
lnai	0.243 *** (0.0893)	0.231 ** (0.0918)	0.243 *** (0.0346)
lngov	0.464 ** (0.197)	0.00641 (0.174)	0.464 *** (0.145)
lnmar	0.539 ** (0.249)	0.142 (0.337)	0.539 *** (0.168)
lntrad	0.0664 (0.0575)	0.107 * (0.0578)	0.0664 (0.0412)
lncap	0.323 *** (0.0764)	0.130 ** (0.0595)	0.323 *** (0.0420)
_cons	0.730 * (0.382)	− 0.762 * (0.458)	0.178 (0.275)
Year	Yes	No	Yes
Id	No	Yes	Yes
N	286	286	286
R^2	0.7930	0.7684	0.8896
F	45.89 ***	43.12 ***	89.72 ***
Hausman	Chi2 = 9.11 prob > chi2 = 0.0015		

注：*** 、 ** 、 * 分别表示1%、5%、10%的显著性水平，模型括号中为 t 值。
资料来源：笔者应用 stata15 计算整理所得。

从控制变量来看，政府参与程度与经济高质量发展呈显著正相关，表明政府财政支出规模是经济高质量发展水平提高的重要因素；市场化水平对经济高质量发展水平起显著促进作用，表明随着市场规模的扩大，有助于提升经济高质量发展水平；对外开放程度对经济高质量发展水平有促进作用，但影响不显著，这可能受当前新冠疫情的外部冲击，导致我国对外贸易并未对经济高质量发展水平产生显著影响；人均固定资本投入对经济高质量发展有着显著促进作用，说明经济发展离不开基础固定资本的投入。

2. 时滞效应检验分析

由于经济高质量发展是一个动态变化的复杂过程，人工智能产业对其产生的经济效应、环境效应以及社会效应可能存在时滞效应。表8是人工智能产业对经济高质量发展影响的时滞效应回归结果。由表8回归结果可知，人工智能产业对经济高质量发展呈正向作用，人工智能产业发展滞后的第一期、第二期、第三期、第四期的估计系数分别为 0.229、0.191、0.166、0.163，相对于人工智能产业当期估计系数 0.243 依次下降，且均在 1% 水平上显著。这表明人工智能产业对经济高质量发展影响效果随着人工智能产业的滞后性呈明显的下降趋势，即人工智产业对经济高质量发展的影响存在显著的时滞效应。

表 8 人工智能产业对经济高质量发展影响的时滞效应检验

变量	(1)	(2)	(3)	(4)	(5)
lnai	0.243 *** (0.0346)				
L1. lnai		0.229 *** (0.0293)			
L2. lnai			0.191 *** (0.0229)		
L3. lnai				0.166 *** (0.0210)	
L4. lnai					0.163 *** (0.0200)
_cons	0.178 (0.275)	0.0905 (0.247)	0.205 (0.202)	0.168 (0.192)	0.164 (0.188)
其他变量	控制	控制	控制	控制	控制
N	286	257	227	197	167

注：***、**、* 分别表示 1%、5%、10% 的显著性水平，模型括号中为 t 值。
资料来源：笔者应用 stata15 计算整理所得。

五、异质性检验与稳健性检验

（一）异质性检验

根据人工智能产业发展水平分组，对地区经济高质量发展的影响进行异质性检验。表 9 回归结果显示，人工智能产业发展水平对地区经济高质量发展的影响存在显著异质性。模型（a1）、模型（b1）、模型（c1）显示，人工智能产业发展水平领跑地区和加速地区对经济高质量发展有显著提升作用，人工智能产业发展水平每提高 1 个单位，会推动经济高质量发展水平提升 0.929 和 0.677，但人工智能产业起跑地区对经济高质量发展却不显著。模型（a2）、模型（b2）、模型（c2）显示，人工智能产业发展水平一阶滞后项对经济高质量发展的影响效果均有所下降。这说明人工智能产业发展水平不同对地区经济高质量发展同样具有时滞效应。

表9　　　　　　　人工智能产业对经济高质量发展影响的异质性检验

变量	领跑者		加速者		起跑者	
	（a1）	（a2）	（b1）	（b2）	（c1）	（c2）
lnai	0.929 *** （0.216）		0.677 *** （0.0931）		0.0269 （0.0704）	
L. lnai		0.764 *** （0.264）		0.583 *** （0.0835）		0.0132 （0.0594）
lngov	-0.0295 （0.119）	-0.160 （0.144）	0.0871 （0.135）	0.104 （0.141）	1.410 *** （0.375）	1.263 *** （0.369）
lntrad	0.0751 （0.0644）	0.117 （0.0826）	0.0207 （0.0411）	0.0775 （0.0422）	0.0479 （0.0763）	0.0576 （0.0630）
lncap	0.0969 （0.0803）	0.128 （0.107）	0.186 *** （0.0416）	0.174 *** （0.0405）	0.512 *** （0.105）	0.543 *** （0.0917）
lnmar	0.121 （0.163）	0.114 （0.208）	0.0394 （0.208）	0.122 （0.215）	0.990 *** （0.320）	0.872 *** （0.273）
_cons	-0.139 （0.244）	0.201 （0.328）	-0.271 （0.258）	-0.101 （0.260）	0.752 （0.568）	0.542 （0.493）
N	50	45	130	117	106	95
R^2	0.932	0.903	0.888	0.861	0.758	0.773

注：***、**、*分别表示1%、5%、10%的显著性水平，模型括号中为t值。
资料来源：笔者应用stata15计算整理所得。

从控制变量看，在人工智能产业发展水平领跑地区，政府干预、对外开放程度、市场化水平和人均固定资本投入对地区经济高质量发展的影响不显著，且政府干预呈抑制作用。在人工智能产业发展水平加速地区，人均固定资产投入在1%的水平下对经济高质量发展有显著促进作用，政府干预、市场化水平和对外开放程度对经济高质量发展有促进作用却不显著。在人工智能产业发展水平起跑地区，政府干预、市场化水平、人均固定资产投入对经济高质量发展起着重要作用，但对外开放程度却不是很显著。

（二） 稳健性检验

由于本文的模型设定中含有内生变量，为了消除内生性带来的估计误差，有效提高模型估计效率，运用工具变量法进行两阶段回归。将人工智能产业的一阶滞后项作为工具变量，代替人工智能产业进行第二阶段回归。由表 10 可知，人工智能产业的估计系数为 0.398，在 1% 的水平上显著为正。同时，所选取的工具变量的 ragg – Donald Wald 检验在 1% 的水平上拒绝弱工具变量的原假设。所以，人工智能产业一阶滞后项作为工具变量是合适的，同时也表明本文的实证检验是稳健的。

表 10　　　　　　　　　　稳健性检验：2SLS 回归结果

变量	（1）
lnai	0.398 *** (0.0690)
lngov	0.287 *** (0.0707)
lntrad	0.175 *** (0.0204)
lncap	0.235 *** (0.0376)
lnmar	0.014 (0.1349)
_cons	0.143 (0.0376)
N	257
R^2	0.7858
Wald	613.65 ***

注：*** 、 ** 、 * 分别表示 1% 、5% 、10% 的显著性水平，模型括号中为 t 值。
资料来源：笔者应用 stata15 计算整理所得。

六、结论与政策建议

人工智能产业发展战略在我国实施以来，对我国经济发展水平的提升起着巨大作用。在现有研究基础上，基于中国 2008～2017 年省级面板数据，实证分析了人工智能产业对经济高质量发展的影响效应，并得出以下结论：一是在 2008～2017 年，我国经济高质量发展水平和人工智能产业发展水平均在逐年上升，但整体水平不高，且有明显的区域差异；二是人工智能产业对经济高质量发展的影响整体呈现显著促进作用，已经是推动高质量发展的重要驱动力，但存在一定的时滞效应；三是由于地区人工智能发展水平的不同，对经济高质量发展存在显著异质性，人工智能产业发展水平领跑地区和加速地区对经济高质量发展有显著促进作用，而人工智能产业发展水平起跑地区对经济高质量发展不显著。

基于以上结论，本文提出以下对策建议：

第一，扩大人工智能产业建设，带动经济高质量发展。本文研究发现，中国目前人工智能产业发展水平不够高且还有很大的提升空间。未来的人工智能产业建设可以从以下方面着手：①加大人工智能产业建设规模和融资。不断加大人工智能产业建设、扩大人工智能产业规模，形成智能产业链集群；加大对人工智能高端技术和应用生产等的投资，助力人工智能产业发展。②制定人工智能产业发展政策。在国家经济高质量发展背景下，要制定相关人工智能产业发展政策，积极发挥社会资本的竞争优势，不断推动人工智能的高质量发展进程。③优化人工智能产业资源配置。要不断强化东部沿海地区人工智能产业竞争优势，也要继续发展中西部人工智能产业，引导人工智能产业资源和国家政策积极流向中、西部地区，提高人工智能产业资源的配置水平。

第二，推动"人工智能 + X"战略发展，提高区域整体经济实力。本文实证了人工智能产业是经济高质量增长不可忽视的重要驱动力，推动"人工智能 + X"战略发展，提高区域经济整体水平应注重以下方面：①构建"人工智能 + X"国家智能创新体系。强化人工智能的智能化、集约化和协同化特征，构建更高效、更便捷、更灵活的"人工智能 + X"区域智能创新模式，最大限度地发挥人工智能产业的竞争优势。②制定人工智能技术专利保护制度。人工智能技术专利成果缺乏相关保护法律法规，国家应加强人工智能产业专利的保护力度，为人工智能产业发展营造一个良好的发展环境。③建设智能分享服务平台，提供智能服务。通过构建政府、高校、企业一体的智能分享服务平台，共享新知识、新技术、海量信息、大数据等新生产要素，全方位提供智能服务。

第三，异化智能技术支持，平衡人工智能产业资源分布的区域差异。本文研究发现，人工智能产业发展水平存在明显的空间分布不均衡现象，这说明发展"人工智能 +"战略不是固定的和一成不变的，需要推行动态化、差异化智能技术，平衡人工智能产业资源分布的区域差异。应该注重以下方面：①对于人工智能产业发展水平领跑地区，要不断追求智能技术创新，并向外拓展人工智能产业资源；②对于人工智能产业发展水平加速地区，要在巩固本土智能发展优势的同时，积极寻求人工智能产业促进经济高质量发展的有效路径；③对于人工智能产业发展水平起跑地区，要扩大人工智能产业投资建设，积极引进智能产业资源。

参 考 文 献

［1］蔡跃洲、付一夫：《全要素生产率增长中的技术效应与结构效应》，载《经济研究》2017年第1期，第50～63页。

［2］Furman, J., Seamans, R. AI and the Economy［R］. NBER Working Paper, 2018, No. 24689.

［3］师博：《人工智能助推经济高质量发展的机理诠释》，载《改革》2020年第1期，第30～38页。

［4］曹静、周亚林：《人工智能对经济的影响研究进展》，载《经济学动态》2018年第1期，第103～115页。

［5］郭凯明：《人工智能发展、产业结构转型升级与劳动收入份额变动》，载《管理世界》2019年第7期，第60～77页。

［6］邓仲良、屈小博：《工业机器人发展与制造业转型升级——基于中国工业机器人使用的调查》，载《改革》2021年第8期，第25～37页。

［7］Acemoglu, D & Restrepo, P. Robots and jobs: Evidence from US labor markets ［J］. *NBER Working Paper*, 2017a, No. 2469.

［8］Aghion, P., Jones, B. F & Jones, C. I. Artificial intelligence and Economic Growth ［J］. *NBER Working Papers*, 2018, No. 2486.

［9］刘斌、潘彤：《人工智能发展对制造业价值链分工的影响效应研究》，载《数量经济技术经济研究》2020年第10期，第24～43页。

［10］Brynjolfsson, E., Mcafee, A. *Machine, Platform, Crowd: Harnessing our Digital Future* ［M］. New York: Norton and Company, 2017.

［11］Kromann, L. Automation, labor productivity and employment: A cross country comparison ［J］. *CEBR, Copenhagen Business School Working Paper*, 2018, 5 (2): 15 - 28.

［12］Graetz, G. & Michaels, G. Robots at Work ［J］. *Review of Economics and Statistics*, 2018, 100 (5): 753 - 768.

［13］刘亮、李廉水、刘军、程中华：《智能化与经济发展方式转变：理论机制与经验证据》，载《经济评论》2020年第2期，第1～21页。

［14］林晨、陈小亮：《人工智能、经济增长与居民消费改善：资本结构优化的

视角》，载《中国工业经济》2020 年第 2 期，第 19～42 页。

[15] 王进、王丽珊：《人工智能产业影响经济增长的作用机制与实证检验》，载《山东财经大学学报》2019 年第 2 期，第 39～48 页。

[16] 孙早、侯玉林：《人工智能发展对产业全要素生产率的影响———一个基于中国制造业的经验研究》，载《经济学家》2021 年第 1 期，第 32～42 页。

[17] Kromann, L., N. Malchow – Møller, J. R. Skaksen, and A. Sorensen. "Automation and Productivity – Across – Country, Cross – Industry Comparison." Cross – Industry Comparison Working Paper. 2016.

[18] 张龙鹏、张双志：《技术赋能：人工智能与产业融合发展的技术创新效应》，载《财经科学》2020 年第 6 期，第 74～88 页。

[19] 陈彦斌、林晨、陈小亮：《人工智能、老龄化与经济增长》，载《经济研究》2019 年第 7 期，第 47～63 页。

[20] 蔡啸、黄旭美：《人工智能技术会抑制制造业就业吗?》，载《商业经济》2019 年第 6 期，第 53～62 页。

[21] 吕荣杰、杨蕾、张义明：《人工智能、产业升级与人力资本的关系研究》，载《产业经济》2021 年第 1 期，第 26～31 页。

[22] 蔡跃洲、陈楠：《新技术革命下人工智能与高质量增长、高质量就业》，载《数量经济技术经济研究》2019 年第 5 期，第 3～22 页。

[23] 蒲晓晔、黄鑫：《人工智能赋能中国经济高质量发展的动力问题研究 》，载《西安财经大学学报》2021 年第 4 期，第 101～109 页。

[24] 任保平、宋文月：《新一代人工智能和实体经济深度融合促进高质量发展的效应与路径》，载《西北大学学报（哲学社会科学版）》2019 年第 5 期，第 20～34 页。

[25] 郭晗：《人工智能培育中国经济发展新动能的理论逻辑与实践路径》，载《西北大学学报（哲学社会科学版)》2019 年第 5 期，第 21～27 页。

[26] 师博：《人工智能促进新时代中国经济结构转型升级的路径选择》，载《西北大学学报（哲学社会科学版)》2019 年第 5 期，第 14～20 页。

[27] 许宪春、任雪、常子豪：《大数据与绿色发展》，载《中国工业经济》2019 年第 4 期，第 5～22 页。

[28] 王青、李佳馨、郭辰：《城市群功能分工对经济高质量发展的影响》，载《区域经济》2020 年第 5 期，第 53～61 页。

[29] 潘雅茹、罗良文：《基础设施投资对经济高质量发展的影响：作用机制与异质性研究》，载《改革》2020 年第 5 期，第 5～18 页。

[30] 万晓榆、赵寒、张炎：《我国智能化发展评价指标体系构建与测度》，载

《经济与管理研究》2020 年第 8 期，第 84～97 页。

[31] 韩先锋、惠宁、宋文飞：《信息化能提高中国工业部门技术创新效率吗》，载《中国工业经济》2014 年第 12 期，第 70～82 页。

The impact of artificial intelligence industry on high-quality economic development: Theoretical mechanism and empirical test

Yang Yufang   Cao Yangqiu

Abstract: The theoretical analysis mainly elaborates the impact mechanism of the artificial intelligence industry on the high-quality economic development from three levels of economic effect, environmental effect, and social effect. The empirical analysis is based on the panel data of 30 provinces in my country from 2008 to 2017, measures the development of the artificial intelligence industry and the level of high-quality economic development, and constructs a panel model for empirical testing. The results show that the impact of the artificial intelligence industry on the high-quality development of the economy has been significantly promoted, and further empirical tests have shown that the impact of the artificial intelligence industry on the high-quality economic development has a certain time lag effect; different levels of development of the artificial intelligence industry have a high economic impact There is a heterogeneous effect in quality development. The areas where the development level of the artificial intelligence industry is leading and accelerating areas have a significant positive effect on the high-quality economic development, while the areas where the development level of the artificial intelligence industry starts are not significant for the high-quality economic development.

Key words: artificial intelligence industry   high-quality economic development mechanism analysis   empirical test